어린이 과학 형사대
CSI ⑪

CSI, 새롭게 태어나다!

* 과학 교과 연계에 대한 자세한 내용은 가나출판사 홈페이지를 참조하세요.

어린이 과학 형사대 CSI ⑪

초판 1쇄 발행 | 2010년 6월 8일
초판 21쇄 발행 | 2020년 9월 17일

지은이 | 고희정
그린이 | 서용남
감　수 | 곽영직(수원대학교 물리학과 교수)

펴 낸 곳 | (주)가나문화콘텐츠
펴 낸 이 | 김남전
편 집 장 | 유다형
편　　집 | 이보라
디 자 인 | 정란
마 케 팅 | 정상원 한웅 정용민 김건우
경영관리 | 임종열 김하은

출판 등록 | 2002년 2월 15일 제10-2308호
주　　소 | 경기도 고양시 덕양구 호원길 3-2
전　　화 | 02-717-5494(편집부) 02-332-7755(관리부)
팩　　스 | 02-324-9944
홈페이지 | ganapub.com
이 메 일 | ganapub@naver.com

ⓒ 고희정, 2010

ISBN 978-89-5736-509-0 (74400)
　　　978-89-5736-440-6 (세트)

* 책값은 뒤표지에 표시되어 있습니다.
* 이 책의 내용을 재사용하려면 반드시 저작권자와 (주)가나문화콘텐츠 양측의 동의를 얻어야 합니다.
* 잘못된 책은 구입하신 서점에서 바꾸어 드립니다.

* '가나출판사'는 (주)가나문화콘텐츠의 출판 브랜드입니다.

• 제조자명 : (주)가나문화콘텐츠
• 주소 및 전화번호 : 경기도 고양시 덕양구 호원길 3-2 / 02-717-5494
• 인쇄일 : 2020년 9월 10일
• 제조국명 : 대한민국
• 사용연령 : 4세 이상 어린이 제품

어린이 과학 형사대
CSI

CSI, 새롭게 태어나다!

글 고희정 | 그림 서용남
감수 곽영직(수원대학교 물리학과 교수)

가나출판사

주인공 소개

• 강별과 송화산

지구 과학 형사 지원자. **강별**은 어린이 형사 학교 학생으로, 매사에 자신만만하며 승부욕이 강하다. **송화산**은 공개 모집에서 선발된 지원자로, 과학 실력이 뛰어나지만 소극적이며 겁이 많다.

• 황수리와 최운동

물리 형사 지원자. **황수리**는 어린이 형사 학교 학생으로, 소극적이지만 차분하고 사고가 논리적이다. **최운동**은 공개 모집에서 선발된 지원자로, 언제나 밝고 맑고 즐거운 수선쟁이.

• 양철민과 장원소

화학 형사 지원자. **양철민**은 어린이 형사 학교 학생으로, 어딜 가나 와자지껄 시끄럽고 덤벙대는 리틀 어 형사. **장원소**는 공개 모집에서 선발된 지원자로, 요리와 과학 실험을 좋아하는 팬 카페 회원.

• 소남우와 신태양

생물 형사 지원자. **소남우**는 어린이 형사 학교 학생으로, 아이다운 순진한 심성과 따뜻한 마음을 가졌다. **신태양**은 공개 모집에서 선발된 지원자로, 싹싹하고 예의 바르며 매력적인 훈남.

• 박춘삼 교장   • 어수선 형사   • 정나미 형사   • 안미인 형사

- CSI 2기를 뽑아라! 6

사건 1 다이아몬드 사기극 12
  핵심 과학 원리 – 광물의 성질
  별이가 들려주는 사건 해결의 열쇠 46

사건 2 그림자 단서 50
  핵심 과학 원리 – 빛과 그림자
  수리가 들려주는 사건 해결의 열쇠 84

사건 3 명화를 복원하라! 88
  핵심 과학 원리 – 산소의 성질
  철민이가 들려주는 사건 해결의 열쇠 120

사건 4 죽음을 부르는 다이어트 124
  핵심 과학 원리 – 삼투 현상
  태양이가 들려주는 사건 해결의 열쇠 156

- CSI, 새롭게 태어나다! 160

- 특별 활동 : CSI, 함께 놀며 훈련하다! 166

- 찾아보기 176

핵심 과학 원리 | 광물의 성질

사건 1

다이아몬드 사기극

"자, 그럼 첫 번째 실전 테스트를 치를 사람을 발표하겠습니다.
지구 과학 형사 지원자, 강별, 송화산.
두 사람을 제외한 다른 사람들은 부를 때까지 대기하세요."

 ## 실전 테스트를 시작하다

"실전 테스트는 말 그대로 실제 사건을 해결하는 능력을 보기 위한 테스트다. 분야별로 지원자 두 명이 함께 사건을 해결하되, 사건 해결에 더 핵심적인 역할을 한 사람을 승자로 한다."

정 형사가 설명을 마치자 회의실에는 긴장감이 감돌았다. 57대 1의 경쟁률을 뚫고 뽑힌 최운동, 장원소, 송화산, 신태양은 물론이고 어린이 형사 학교에서 1년 반이나 공부한 후배들인 양철민, 강별, 황수리, 소남우 역시 실전 투입은 처음이기 때문이다. 게다가 이번 사건을 제대로 해결하지 못하면 'CSI 2기'가 되는 꿈은 물거품처럼 사라진다.

솔직히 후배들은 'CSI' 선배들의 모습을 보며 언젠가는 자신들도 멋진 'CSI' 형사가 될 날을 꿈꿨다. 그건 당연히 자신들의 몫이라고 생각한 것이다. 그런데 다시 실전 테스트를 거쳐야 된다니 당황스럽기도 하고, 또 혹시 떨어지면 어쩌나 하는 생각에 두렵기까지 했다.

"자, 그럼 심사 위원을 모시겠다. 모두 박수!"

짝짝짝! 아이들의 박수 소리와 함께 심사 위원들이 들어왔다. 그런데 헉, 이게 누군가! 나혜성, 이요리, 한영재, 반달곰. 선배들이 아닌가. 순간, 후배들의 얼굴에는 미소가 떠올랐다. 1년 넘게 같이 생활하고 함께 배운 선배들인데 좀 봐주겠지 하는 마음이 들었던 것이다. 그때 요리가 앞으로 나서며 말했다.

"정 형사님이 말씀하신 대로 분야별 최종 승자는 사건 해결에 핵심적인 역할을 한 사람이 될 것입니다. 물론 사건 해결 과정 중에 여러분이 보여 주는 형사로서의 자질 또한 심사 점수에 들어갑니다. 그리고 심사는 'CSI'의 명예를 걸고, 절대 공정하게 할 것입니다."

그러니까 각 분야에서 선배들이 실전 테스트를 할 사건을 고르고, 테스트가 진행되는 동안 직접 앞장서서 지휘하며 심사를 하겠다는 말. 다음으로 혜성이가 나서며 말했다.

"자, 그럼 첫 번째 실전 테스트를 치를 사람을 발표하겠습니다. 지구 과학 형사 지원자, 강별, 송화산. 두 사람을 제외한 다른 사람들은 부를 때까지 대기하세요."

두 사람만 남고 다른 사람들은 모두 기숙사로 돌아갔다. 그렇게 3차 실전 테스트가 시작되었다.

 수상한 효도 관광

"너희가 맡을 사건이다. 어제 아침, 한 할머니의 신고가 들어왔다."

혜성이는 별이와 화산이가 맡을 사건에 대해 설명하기 시작했다. 어떤 할머니가 일주일 전에 '빛나리'라는 회사를 통해 1캐럿짜리 다이아몬드를 20만 원에 샀는데, 다시 팔려고 보석상에 내놓으니 가짜인 것으로 밝혀졌다고 한다.

"그런데 문제는 최근 한 달 사이에 그 할머니뿐 아니라 다른 할머니 두 분도 똑같은 수법의 사기를 당했다는 신고가 들어왔다는 거야."

그러니까 진짜인 줄 알고 산 다이아몬드가 알고 보니 가짜였다는 것. 그렇다면 다이아몬드를 이용한 사기? 하지만 아무리 보석에 대해 몰라도 그렇지, 다이아몬드 1캐럿에 20만 원이라니 그게 말이 된단 말인가!

다이아몬드가 반짝반짝 빛나는 이유

반짝반짝 아름다운 다이아몬드. 다이아몬드의 아름다운 빛은 큰 굴절률 때문에 생기지. 다이아몬드의 굴절률은 2.4로 매우 커. 그래서 다이아몬드와 공기의 경계면에서 24도 이상의 각도로 들어온 빛은 밖으로 나가지 못하고 다시 다이아몬드 안으로 반사되어 빛나는 거야. 잘 컷팅된 다이아몬드에서는 다이아몬드로 들어간 빛이 밖으로 나오기 전에 다이아몬드 안에서 여러 번 반사돼.

화산이는 가뜩이나 떨리던 가슴이 더 떨리기 시작했다. 어렸을 때부터 형사의 꿈을 품었던 화산이. 과학을 좋아하고 뛰어나게 잘해서 두 번의 어려운 관문을 뚫었지만, 실전 테스트라고 하니 자신이 없었다.

그에 반해 별이는 역시 자신만만한 모습. 뭐든 지나칠 정도로 자신감이 넘치고 당당한 아이니, 이 정도로 걱정하거나 기죽을 리 없겠지.

"자, 여기 할머니들 인적 사항 있으니까 시작해."

혜성이가 수사 일지를 건네주었다. 그렇다면 제일 먼저 할 일은 할머니들을 만나 사건 경위에 대해 직접 들어 보는 일. 별이는 먼저 김삼녀라는 할머니를 만났다.

"일주일 전이야. 시장 갔다 오는데 잘생긴 젊은 총각이 '아유, 할머니!

제가 들어 드릴게요.' 하면서 얼른 짐을 들어 주었어. 내가 됐다고 하는데도 극구 집까지 갖다 주면서 살갑게 구는데, 꼭 우리 큰손자 같더라고. 그러더니 다음 날 아침 9시까지 요 앞 공터로 나오라면서 초대권을 주는 거야. 자기 회사가 '빛나리'라는 아주 큰 회사인데, 할머니들과 할아버지들을 모시고 효도 관광을 가기로 했다면서."

그래서 다음 날, 할머니는 아무 의심 없이 다른 열 명쯤 되는 할아버지, 할머니들과 함께 효도 관광을 따라가게 됐는데 신 나게 놀게 해 주더니 이렇게 말했단다.

"굉장히 좋은 다이아몬드라면서 1캐럿에 20만 원인데, 한 달만 가지고 있다가 팔면 적어도 100만 원은 받는다고 자꾸 사라고 하더라고."

"1캐럿에 20만 원이면 너무 싼 거 아니에요? 그걸 믿으셨어요?"

별이가 물었다.

"나도 좀 이상하긴 했지. 그런데 자기들이 뭐 러시아인가 어디에 다이아몬드 광산도 가지고 있고, 또 만드는 공장도 있다나? 막 사진도 보여 주더라고. 거기서 자기들이 직접 만든 거라 싸다는 거야. 하도 그럴싸하게 말하기에 노인네가 뭐 아나? 그런가 하고 샀지."

그러니까 효도 관광 간다고 해 놓고는 결국 세상 물정에 어두운 할머니, 할아버지들을 속여 가짜 다이아몬드를 팔았다는 말.

"돈은 어떻게 치르셨어요? 20만 원이면 큰돈인데."

"거기서 바로 내지 않으면 안 된다고 하는데, 20만 원이 어딨어! 아들보고 부쳐 달라고 했지. 급하게 필요하다고."

별이는 얼른 할머니의 아들에게 전화를 해 그 당시 휴대 전화에 찍힌 전화번호와 계좌 번호를 알아냈다.

별이가 다음으로 만난 할머니는 이금자 할머니. 역시 똑같은 수법에 당했다는데, 회사 이름은 '다이아'. 회사 이름까지 바꿔 가며 아주 지능적으로 사기 행각을 벌이는 것이다.

"혹시 거기가 어디였는지 기억나세요?"

"몰라. 버스에서 노래 부르고 춤추며 신 나게 놀다 보니까 도착했다며 내리라고 했어. 지나가다 경찰이 보면 딱지 떼니까 창문 커튼 열지 말라고 해서 닫고 있었으니 어디로 가는지 알 수가 있어야지. 내려 보니까 엄청 큰 비닐하우스가 있더라고. 안에도 아주 잘해 놨어. 노래방 기계도 있고, 먹을 것도 잔뜩 있고."

한편, 화산이 역시 사기를 당했다고 신고한 또 다른 할머니를 만나러 갔다. 화산이는 마음을 가다듬고 차분히 자신의 신분을 밝히고 조사에 들어갔다. 할머니의 이름은 박말순.

"혹시 같이 가신 분 중에 아는 분은 없었어요?"

"없었지. 아, 가만! 옆에 있던 할아버지가 우리 동네 산다던데."

화산이는 할머니가 가르쳐 준 대로 지하철역 옆 햇빛 연립으로 갔다. 키 작고 얼굴 까맣고 머리 흰 할아버지를 찾으니, 2층 3호에 사는 김만득 할아버지. 자초지종을 말하자 할아버지는 깜짝 놀라며 말했다.

"뭐여, 정말이여? 아이고, 이를 어쩐다냐!"

그러고는 얼른 장롱 깊숙이 숨겨 둔 다이아몬드를 꺼내 재차 물었다.

"정말이여, 이게 가짜 다이아몬드라는 게?"

"그럴 가능성이 아주 커요. 한번 확인해 보시는 게 어떨까요?"

화산이는 할아버지를 모시고 근처 보석상으로 갔다. 전문가의 감정을 받아 보니, 역시 가짜. 그렇다면 분명 사기극이다. 다이아몬드 사기극.

 ## 범인을 찾아라!

별이와 화산이는 학교로 돌아와 혜성이에게 조사한 내용을 보고했다. 그리고 할아버지, 할머니가 가지고 있던 전화번호로 다 전화해 보았으나 모두 정지되거나 받지 않았다. 돈을 부친 계좌 번호의 명의자도 모두 주소와 전화번호가 가짜였다. 요즘 노숙자들에게 돈 조금 주고 이름을 빌려 예금 계좌를 만든 다음, 그걸 사기에 이용하는 경우가 많다고 하더니, 바로 그 수법이었다.

그러니까 '빛나리'든 '다이아'든 말 그대로 이름만 있고 실체는 없는 유령 회사라는 말인데, 어떻게 하면 그 회사의 실체를 밝힐 수 있을까?

"그 사람들이 나타났던 곳에 다시 가 보면 어떨까요?"

화산이가 의견을 말하자 별이가 고개를 저으며 반대했다.

"같은 장소에 다시 나타나진 않을 거야."

혜성이도 고개를 끄덕이자 별이가 각각의 수사 일지를 늘어놓았다.

"그런데 보니까 그들이 나타난 세 곳, 모두 공통점이 있어요."

"뭔데?"

화산이가 물었다.

"시장. 아무래도 젊은 사람들보다 할아버지, 할머니들이 많이 가는 곳이라 그랬을 거야."

화산이는 깜짝 놀랐다. 어떻게 그런 걸 찾아낼 수가 있단 말인가! 처음부터 자신만만해 보이더니, 역시 뭔가 다르구나 싶었다. 화산이는 살짝 기가 죽었다. 별이가 말을 이었다.

"그러니까 일단 범인들이 나타났던 세 곳을 제외한 나머지 전통 시장에 가 보는 게 어떨까요? 직접 만날 수 있을지는 모르겠지만, 상인들한테 부탁이라도 해 놓는 게 좋을 것 같은데."

서울에 전통 시장이 한두 곳도 아닌데 언제 다 돌아보고, 인상착의도 모르는데 어떻게 일일이 사람들한테 부탁을 하며, 또 과연 그런다고 사람들이 관심이나 가져 줄까? 화산이는 좀 아니라는 생각이 들었다.

　하지만 달리 뾰족한 수가 없으니 반대할 처지도 아니었다. 일단 별이가 하자는 대로 해 보는 수밖에 없다. 곧바로 별이와 화산이는 각자 담당할 곳을 정한 후 전통 시장으로 향했다.

　별이가 처음 도착한 시장은 미리내 전통 시장. 30년의 전통을 자랑한다는 그 시장은 그 유명세만큼 장 보러 나온 사람들로 북적거렸다.

　'아마 시장 깊숙한 곳까지 들어가진 않을 거야.'

　별이는 시장 입구에 있는 상인들에게 일일이 사건을 설명하고, 혹시 할아버지나 할머니에게 접근하여 초대권이라고 뭔가 나누어 주는 사람이 있으면 유심히 살펴봐 주고, 바로 연락해 달라고 부탁했다.

기회와 실수

　화산이 역시 지하철을 타고 자신이 맡은 시장을 찾아다니기 시작했다. 그런데 워낙 푹푹 찌는 여름날에 아침부터 이리저리 쉬지 않고 뛰어다녔더니, 생각보다 엄청 힘이 들었다. 텔레비전이나 책을 통해 형사들이 일일이 사람들을 찾아다니며 물어본다는 사실을 알고는 있었지만, 그래도 이렇게 고될 줄은 몰랐다.

　게다가 벌써 오후 5시가 훌쩍 넘었는데 아직 세 곳밖에 돌지 못했다. 하루 종일 밥도 제대로 못 먹었더니 이젠 다리까지 후들거렸다. 그래서 안 되겠다 싶어 잠시 앉아 쉬려고 하는데, 그때였다.

　유난히 눈에 들어오는 사람이 있었으니, 바로 말끔하게 양복을 차려입은 잘생긴 젊은 남자. 남자는 지나가는 할아버지, 할머니만 골라서 인사를 하더니 종이를 한 장씩 나누어 주고 있었다. 그렇다면 혹시!

　화산이는 정신이 번쩍 들었다. 어쩌면 저 사람이 우리가 찾던 바로 그 사기꾼일 수도 있다! 가슴이 콩닥콩닥 뛰기 시작했다. 가만, 가만! 진정해야지. 맞다! 출발하기 전에 혜성 선배가 그랬다.

　"그럴 가능성은 별로 없지만 혹시 직접 보게 되면 얼른 사진부터 찍어. 그리고 나한테 보고한 다음 추적해. 알았지?"

　그러니까 지금 제일 먼저 할 일은 바로 사진 찍기. 화산이는 얼른 남자가 눈치채지 못하도록 사진을 찍기 시작했다.

남자는 할아버지, 할머니에게 초대권을 나누어 주며 한참 설명하더니, 초대권을 받아 가는 할아버지, 할머니의 뒤에 대고 크게 외쳤다.

"내일 아침 9시, 저기 학교 앞에 있는 공터예요. 꼭 나오세요."

그렇다면 내일 아침 9시에 효도 관광, 아니 사기 관광을 떠난다는 말. 그런데 10분쯤 지났을까? 남자는 가지고 있던 초대권을 다 나누어 주었는지 이내 자리를 뜨기 시작했다.

'그럼 추적해야지!'

화산이는 얼른 혜성이에게 전화를 걸어 보고했다. 그러고는 조심스럽게 남자를 따라붙기 시작했다. 아까보다 가슴이 더 크게 뛰었다. 날마다 멋진 형사가 되는 꿈을 꾸어 왔지만 이렇게 자신이 직접 용의자를 추적하게 될 줄은 정말 몰랐다.

불을 내뿜는 화산처럼 멋지게 살라는 뜻으로 아빠가 지어 준 '화산'이라는 이름. 그런데 실제 화산이는 이름과 달리 상당히 소극적이고 겁이 많다. 그래서 형사가 되고 싶었지만 그냥 꿈으로 끝날 수도 있다고 생각하기도 했다.

그런데 정말 예상치도 못한 기회가 왔다. 그러니 이번만은 용기를 내 정말 잘해 보고 싶다. 화산이는 주먹을 불끈 쥐고 열심히 남자를 뒤쫓았다. 남자는 곧바로 근처 지하철역으로 내려가더니, 상금동행 지하철을 탔다. 화산이도 따라 탔다. 들키지 않기 위해 남자의 반대편에 서서 유리창에 비친 남자의 모습을 계속 관찰했다.

그렇게 세 정거장쯤 갔을까? 갑자기 화산이의 앞에 앉은 아주머니가 말을 걸었다.

"얘, 저기 비었어. 가서 앉아."

아주머니가 가리키는 곳을 보니, 네 칸쯤 옆에 빈자리가 있었다. 화산이는 웃으며 대답했다.

"아니에요, 됐어요. 감사합니다."

그런데 아주머니에게 꾸벅 인사를 하고 다시 유리창을 보는 순간이었다. 남자가 없다. 화산이는 얼른 고개를 돌려 보았다. 진짜 없다. 화산이는 당황해 객차 안 여기저기를 둘러보았다. 역시 없다. 정말 눈 깜짝할 사이였는데, 도대체 어디로 갔단 말인가!

설상가상으로 열차가 곧 정차하겠다는 안내 방송이 들렸다. 큰일 났다. 혹시 남자가 여기서 내리지는 않을까? 화산이는 마음이 급해져 옆 칸 문을 열고 뛰어 들어가, 사람들을 헤치며 남자를 찾기 시작했다. 지하철이 천천히 역 구내로 미끄러져 들어가고 속도가 급격히 줄어들었다. 그런데 아무리 찾아도 남자가 없다. 화산이는 있는 힘을 다해 사람들을 헤치며 나아갔다. 드디어 지하철이 서고 사람들이 내리기 시작했다.

바로 그때였다. 저 멀리 지하철에서 내리는 남자의 모습이 보이는 것이 아닌가! 화산이는 얼른 따라 내렸다. 그리고는 남자가 내린 쪽으로 따라가려고 했다. 그러나 내리는 사람들이 너무 많아 쉽게 앞으로 나아갈 수가 없었다. 결국 남자는 사람들 사이에 섞여 사라지고 말았다. 정말 눈 깜짝할 사이에 놓치고 만 것이다.

금쪽 같은 기회를 잠깐의 방심으로 놓쳐 버렸다는 생각에 화산이는 너무 속상했다. 그리고 괜히 생각해 주는 척하며 말을 건 아주머니가, 한눈을 판 자기 자신이 너무 원망스러웠다.

"죄송해요."

학교로 돌아온 화산이는 고개를 들 수 없었다. 혜성이가 말했다.

"죄송하긴. 그럴 수도 있지. 일단 사진을 찍어 왔으니까 그것만으로도 잘한 거야. 우선 할아버지, 할머니들 다시 찾아 뵙고 사진 보여 드려. 그 남자가 맞는지 확인해 봐."

"네!"

별이와 화산이는 화산이가 찍어 온 사진을 가지고 아침에 만난 할머니, 할아버지를 뵈러 갔다. 별이는 솔직히 좀 속상했다. 왜 하필 화산이 앞에 그 남자가 나타났을까? 자신 앞에 나타났다면 절대 놓치지 않았을 텐데. 게다가 만약 사진 속의 남자가 할머니, 할아버지가 시장에서 만난 사람이 맞다면, 가장 결정적인 증거를 화산이가 가져온 셈. 자신만만했던 별이는 살짝 불안해지기 시작했다.

별이는 처음부터 지구 과학 형사는 당연히 자기가 될 줄 알았다. 화산이가 아무리 2차 시험까지 통과했다지만, 그래도 1년 반 동안 어린이 형사 학교에서 배운 게 있는데 아무래도 자신이 훨씬 낫지 싶었다. 게다가 그동안 선배들 옆에서 보고 들은 게 얼만데!

그런데 전혀 예상치 못한 방향으로 사건이 진행되니 마음이 착잡할 수밖에. 하지만 어쩌겠는가. 왜 내 앞에 나타나지 화산이 앞에 나타났느냐고 그 남자에게 따져 물을 수도 없는 일. 별이는 마음을 다잡았다.

'그래, 최선을 다하는 거야. 난 강별이니까.'

아이들이 남자의 사진을 보이자 박말순 할머니와 김만득 할아버지는 그 남자가 맞다 하고, 이금자 할머니는 처음 만난 남자는 아니지만 그들의 소굴에 갔을 때 거기 있었던 것 같다고 했다.

다시 학교로 돌아온 둘은 혜성이와 함께 수사 방향을 의논했다. 할머니, 할아버지가 확인해 주셨으니 그 남자가 일당 중 한 명인 것은 확실한데, 이제 어떻게 그 일당을 잡아들일 것인가? 소굴이라도 알면 좋으련만······.

"내일은 오늘 못 가 본 시장에 가 볼게요. 또 나타날지 모르니까."

화산이의 말에 별이가 자신의 의견을 말했다.

"내일 또 나타난다는 보장은 없잖아. 그러니까 차라리 호랑이 굴에 들어가는 게 낫지 않을까?"

"호랑이 굴?"

화산이가 묻자 혜성이가 놀란 표정으로 다시 물었다.

"그래서 거길 따라가겠다고? 안 돼. 너무 위험해."

"하지만 현장에서 체포하는 게 제일 간단하잖아요. 그리고 지금으로

선 그 방법밖에 없어요. 언제 나타날지도 모르는데 마냥 기다리고 있을 수만은 없잖아요."

별이의 말에 화산이는 눈이 동그래져 물었다.

"그러니까 내일 아침 그 버스를 타고 따라가겠다는 거야? 말도 안 돼. 잡히면 어떡하려고?"

"괜찮아, 내가 갈게. 선배, 저 할 수 있어요. 허락해 주세요."

혜성이는 가만히 별이를 쳐다보았다. 언제나 자신만만하고, 또 그만큼 욕심도 많은 별이. 화산이가 용의자의 사진을 찍어 오는 바람에 심리적 압박을 느끼고 있겠지. 하지만 처음으로 실전에 투입된 아이에게 어떻게 잠입 명령을 내릴 수 있단 말인가! 혜성이는 단호하게 말했다.

"안 돼. 다른 방법을 생각해 봐."

"선배, 선배가 지금 이 사건을 해결해야 한다면 어떻게 하겠어요? 분명히 선배도 저랑 똑같은 선택을 했을 걸요. 그러니 허락해 주세요."

역시 강별은 세다. 혜성이도 할 말 없게 만들다니. 그런데 화산이는 더 할 말이 없었다. 아무리 간이 커도 그렇지, 어떻게 적의 소굴에 들어갈 생각을 한단 말인가!

'이럴 때 같이 가겠다고 나서야 되나?'

순간, 화산이는 어떻게 해야 할지 판단이 서지 않았다. 별이 혼자 가게 내버려 둘 수도 없고, 그렇다고 같이 따라나설 자신도 없고.

"그래도 혼자는 안 돼. 그리고 네가 혼자 거기 간다고 데려가겠어?

할아버지, 할머니를 대상으로 하는 사기꾼들인데."

"그건 저도 알아요. 그래서 생각해 봤는데요. 교장 쌤이 할아버지로, 제가 손녀로 위장하면 어떨까요?"

"뭐, 교장 쌤?"

그러니까 박 교장과 함께 위장 잠입을 하겠다는 말. 혜성이는 잠시 생각하더니 대답했다.

"좋아, 일단 교장 선생님께 말씀은 드려 볼게. 하지만 허락하실지는 나도 몰라."

그런데 예상과는 달리 박 교장은 흔쾌히 별이의 제안을 수락했다. 박 교장이 함께 간다는데 정 형사도 반대할 이유가 없었다.

 호랑이 굴로 뛰어들다

다음 날 아침, 박 교장과 별이는 할아버지와 손녀로 위장했다. 만일의 경우를 대비해 둘 다 소형 도청 장치를 가지고 들어가고, 화산이는 혜성이, 정 형사와 함께 자동차로 뒤쫓기로 했다. 결국 호랑이 잡으러 호랑이 굴로 뛰어든 것. 무사히 증거를 잡아서 나와야 될 텐데…….

박 교장과 별이가 다정한 할아버지와 손녀인 척하며 버스로 다가가자 버스 앞에는 바로 어제 사진에서 본 그 남자가 있었다. 그런데 별이를 보자 남자는 얼른 둘을 가로막으며 말했다.

"할아버지, 죄송한데요. 아이는 데려가실 수 없어요."

"그래? 그럼 나도 못 가는데. 애 엄마 아빠가 다 미국 여행 가서 내가 봐주기로 했거든. 혼자 두고 갈 수도 없고, 아쉽지만 못 가겠네."

박 교장이 능청스럽게 연기를 하자, 남자는 잠시 생각하더니 할 수 없다는 듯 말했다.

"그, 그럼 그냥 타세요."

일단 1단계 작전은 성공. 버스에 들어가니, 열댓 명은 되어 보이는 할아버지, 할머니들과 함께 체격이 건장한 남자 두 명이 앞뒤로 앉아 있었다. 힘깨나 쓸 법한 사람들. 역시 분위기가 심상치 않다.

9시 20분쯤이 되자, 더는 올 사람이 없다고 판단한 듯 남자는 버스를 출발시켰다. 그러고는 마이크를 잡고 앞에 서더니 넉살 좋게 인사했다.

"할아버지, 할머니, 안녕하세요?"

"안녕하세요?"

할아버지, 할머니들이 대답을 하자, 남자는 더 큰 소리로 말했다.

"자, 그럼 주식회사 빛나리에서 어르신들을 위해 특별히 마련한 효도 관광, 신 나게 출발해 보겠습니다. 박수 한 번 주세요!"

"와!"

곧바로 쿵작쿵작 신 나는 트로트 반주가 나오기 시작하고, 남자는 시키지도 않았는데 멋들어지게 노래를 부르기 시작했다. 그러자 순식간에 버스 안은 흥분의 도가니가 되었다.

"할아버지, 할아버지도 춤 좀 추세요."

별이가 박 교장에게 넌지시 장난을 쳤다.

"흠흠."

박 교장은 어색하게 헛기침을 했다. 그런데 바로 그때, 남자가 다가오더니 박 교장의 팔을 잡아끌며 말했다.

"그래요, 할아버지! 자, 빨리 일어나세요. 빨리요."

결국 어쩔 수 없이 일어나게 된 박 교장. 마지못해 덩실덩실 춤을 추는 모습이 얼마나 웃기던지 별이는 혼자 배꼽을 잡았다.

그렇게 무도회장이 된 버스는 3, 40분 남짓을 달렸다. 별이가 남자들의 눈을 피해 커튼 틈으로 위치를 확인하니, 강변을 따라 난 고속화 도

로를 빠져나와 벌써 경기도 양평을 달리고 있었다. 10분쯤 더 달렸을까? 버스는 큰 도로에서 빠져나와 산길로 접어들었다. 마을 뒷산쯤 되어 보이는데, 길도 잘 닦여 있지 않은지 버스가 자꾸 흔들렸다.

잠시 후, 갑자기 버스가 서더니 음악이 꺼지고 남자는 모두를 내리도록 했다. 그랬더니 들은 대로 커다란 비닐하우스가 눈에 들어왔다.

한편 그 시각, 버스를 뒤따라온 정 형사 일행 역시 눈에 띄지 않는 곳에 차를 세웠다.

"경찰 지원 요청할까요?"

혜성이가 정 형사에게 물었다.

"그래, 하는 게 좋겠군."

큰길에서 산길을 따라 한참을 들어왔으니, 혹시 무슨 일이라도 벌어진다면 세 사람만으로는 부족할지도 모를 일. 혜성이는 근처 경찰서에 지원을 요청했다. 셋은 박 교장과 별이가 가지고 들어간 도청 장치를 통해 들려오는 소리를 녹음하며 비닐하우스 안의 상황을 살폈다.

한편, 박 교장과 별이는 다른 할아버지, 할머니들과 함께 비닐하우스에 들어갔다. 그랬더니 고기에, 과일에, 떡에, 술까지 말 그대로 상다리가 부러지도록 한상 가득 음식이 차려져 있었다. 게다가 노래방 기계에 무대까지. 남자가 마이크를 들고 큰 소리로 말했다.

"자, 그럼 먼저 오늘 이 자리를 마련해 주신 주식회사 빛나리의 장석기 사장님을 소개합니다. 모두 박수로 맞아 주세요!"

"와!"

무대 뒤쪽에서 사장이라는 사람이 나왔다. 보기엔 점잖게 생겼다.

"어서 오십시오, 어르신들!"

장석기는 나오자마자 넙죽 큰절을 하고는 마이크를 넘겨받았다.

"그럼 제가 먼저 노래 한 곡 올리겠습니다."

그러고는 신 나는 트로트 반주에 맞추어 멋들어지게 한 곡 뽑으니, 완전 가수 뺨치는 실력. 역시 사기꾼은 뭔가 달라도 다른가 보다. 저러니 모두 홀딱 속아 넘어가지.

진짜일까, 가짜일까?

그렇게 다시 한참 흥겨운 무대가 이어지더니, 30분쯤 지났을까? 할아버지, 할머니들이 좀 취했다 싶었을 때 남자가 분위기를 정리했다. 그리고 장석기가 다시 무대로 올랐다.

"어르신들, 재미있으셨습니까?"

"아이고, 그럼. 재미있지, 하하하."

"재미있으셨다니 참 다행입니다. 사실 저는 어르신들 한 분 한 분이 다 우리 어머님 같으시고, 아버님 같으십니다. 제가 자식 된 마음으로 어르신들께만 특별히, 아주 좋은 소식을 알려 드리려고 합니다."

드디어 시작이군. 박 교장과 별이는 눈빛을 주고받았다. 차에서 대기하던 사람들도 모두 긴장했다.

"어르신들도 아시겠지만 요즘 경제가 참 어렵습니다. 땅이고 주식이고 되는 게 하나도 없죠. 그나마 금값은 좀 나가서 금으로 재테크를 하는 분들이 계신데, 혹시 금 갖고 계신 분 있으면 빨리 파십시오."

갑작스레 땅이 어떻고, 주식이 어떻고 하는 얘기를 들으니, 모두 어안이 벙벙한 표정이었다. 그러나 장석기가 알아듣지도 못하는 경제 용어까지 써 가며 유식한 척을 한참 해 대니, 할아버지, 할머니들은 모두 그저 그런가 보다 하고 고개를 끄덕였다.

"그래서 제가 아들 같은 마음으로 어르신들께만 특별히 아주 따끈따끈한 투자 방법을 알려 드리고자 합니다."

그러더니 장석기는 자기네 다이아몬드 광산과 가공 공장이라며 사진을 쭉 보여 주고 목청을 높였다.

"이제 금 테크는 끝났습니다. 뭐 해야 된다고요?"

"다이아 테크."

모두 입을 맞춰 대답을 하니, 장석기가 더 크게 소리쳤다.

"그렇습니다! 1캐럿에 20만 원. 정말 말도 안 되는 가격입니다. 하지만 어르신들에게만 특별히 그냥 선물 드린다~ 생각하고 드리겠습니다. 한 달만 기다리면 얼마가 된다고요?"

"100만 원!"

"그렇습니다. 모두 박수!"

"와!"

아니, 무슨 종교 단체도 아니고, 장석기의 말이 끝나자 박수를 치며 열광하는 할아버지, 할머니들. 역시 대단한 사기꾼이다. 그러자 이번에는 다시 남자가 나서며 말했다.

"자, 한 분씩 순서대로 앞으로 나오세요."

박 교장이 옆에 있는 할머니에게 슬쩍 물었다.

"사실 거예요?"

"아유, 돈 있으면 당연히 사야지. 한 달이면 100만 원이 된다는데."

그러자 그 옆의 할아버지가 살짝 의심스러운 표정으로 말했다.

"그런데 이거 믿어도 되나? 혹시 사기 아니야?"

바로 그 순간이었다. 어떻게 들었는지 문 앞에 있던 덩치 큰 남자가 할아버지 옆에 와서 떡하니 버티고 서는 것이 아닌가. 겁을 주려는 수작. 할아버지는 움찔하더니 몸을 돌렸다.

그 모습을 보자 다른 할아버지, 할머니들도 모두 분위기 파악이 된 모양이었다. 안 산다고 했다가는 절대

그냥 내보내 줄 것 같지 않고, 행여 어딘지도 모르는데 혼자 나갔다가 큰일을 당할 것만 같은 생각에 사기 싫은 사람과 돈 없는 사람까지도 울며 겨자 먹기로 가짜 다이아몬드를 사게 되었다. 게다가 돈도 그 자리에서 현금으로 계좌 이체를 하고서야 놓아주니, 이건 칼만 안 들었지 말 그대로 날강도가 아닌가! 그런 살벌한 분위기에서 사기를 치니, 돈도 없고 힘도 없는 할아버지, 할머니들은 당할 수밖에 없는 것이다.

드디어 박 교장 차례. 박 교장과 별이가 앞으로 나가자 장석기는 먼저 여러 종류의 다이아몬드를 보여 주며 말했다.

"이건 1캐럿짜리고요, 이건 2캐럿짜리. 더 큰 것도 많이 있으니까 골라 보세요."

바로 그때였다. 박 교장 옆에 있던 별이가 갑자기 손가락으로 코를 문지르더니 그 손가락을 다이아몬드에 차례대로 대어 보는 것이었다. 그러자 그것을 본 장석기가 버럭 화를 내었다.

"얘, 만지면 안 돼!"

"앗, 죄송해요. 신기해서, 헤헤."

별이가 얼른 손을 떼며 말하자 박 교장이 주의를 주는 척했다.

"그래, 아무거나 만지면 안 돼. 알았지?"

"네."

하지만 이미 다이아몬드가 가짜라는 확신이 생긴 별이. 그렇다면 이제 확인 사살을 해야 할 때. 별이는 장석기에게 대놓고 물었다.

"그런데 이거 진짜 다이아몬드예요?"

헉! 역시 간 큰 별이. 당돌한 물음에 순간, 장석기와 그 졸개들뿐 아니라 박 교장, 그리고 도청 장치를 통해 이쪽의 상황을 그대로 듣던 정 형사 일행까지 모두 깜짝 놀랐다. 도대체 어떻게 하려고 그러는지.

잠시 긴장감이 흐르고, 갑작스런 별이의 당돌한 질문에 장석기는 적잖이 당황한 표정. 하지만 이내 여유롭게 웃으며 대답했다.

"하하하! 손녀가 참 궁금한 게 많군요. 그럼, 당연히 진짜지. 여기 있는 거 모두 진짜 다이아몬드야. 그래서 아주 비싸지. 그러니까 아이들은 함부로 만지거나 하면 안 돼. 알았지?"

물론 장석기는 "네."라는 대답을 기대하고 최대한 친절하게 설명한 것이리라. 하지만 그대로 물러날 별이가 아니었다.

"진짜인 줄 어떻게 아는데요? 그냥 봐서는 꼭 가짜 같은데."

상황이 이쯤 되자 다른 할아버지, 할머니들의 시선도 모두 별이와 장석기에게 쏠렸다. 장석기는 기분 나쁜 표정을 억지로 누르며 말했다.

"그, 그래. 넌 보석에 대해 잘 모르니까 가짜같이 보일 수도 있겠지. 하하하! 어르신들, 지금 꼬마가 아주 당돌한 질문을 했네요. 진짜인지 어떻게 아냐고. 물론 여러분 중에는 그렇게 생각하시는 분이 안 계시겠지만, 그래도 확실하게 보여 드리는 게 낫겠군요. 자, 이건 진짜 다이아몬드인지 아닌지를 테스트하는 기계입니다. 여기에서 삐~ 소리가 나면 진짜 다이아몬드입니다. 자, 보세요."

그러고는 테스터를 앞에 놓인 다이아몬드에 차례대로 갖다 댔다. 당연히 '삐~.' 소리가 났다. 여기저기에서 웅성거리는 소리가 들렸다.

"아유, 진짜 맞구먼."

"그러네, 그래."

장석기는 의기양양하게 별이에게 말했다.

"어때, 진짜 맞지?"

"아니요, 그것만으로는 잘 모르겠는데요."

별이의 황당하고 맹랑한 대답에 장석기는 얼굴이 벌게지고, 옆의 덩치들이 별이와 박 교장을 노려보니 분위기가 순식간에 살벌해졌다. 하지만 별이는 굴하지 않고 할 말을 했다.

"다이아몬드 테스터는 다이아몬드가 열전도율이 높다는 것을 이용해 테스트하는 기계잖아요. 물론 진짜일 수도 있지만 가짜라도 테스터를 조금만 조작하면 얼마든지 진짜라는 결과가 나오게 할 수 있죠."

이쯤 되자 장석기도 인내가 한계에 다다랐는지 냅다 소리를 질렀다.

"아니, 이 꼬마가 보자 보자 하니까 내가 보자기로 보이냐! 그럼 내가 지금 가짜를 진짜라고 사기치고 있다는 거야? 어!"

그러자 이제껏 가만히 지켜보던 박 교장이 둘 사이에 끼어들었다.

"아이고, 아닙니다. 우리 손녀가 워낙 궁금한 걸 못 참아서……."

그러나 별이는 한술 더 떴다.

"그럼 제가 잠깐 실험 좀 해 볼게요."

그러더니 할아버지, 할머니들을 향해 말했다.

"자연적으로 만들어진 것으로 질이 고르고 화학적 조성이 일정한 물질을 '광물'이라고 해요. 다이아몬드는 금강석이라는 광물을 예쁘게 다듬어서 만든 보석이죠. 금강석은 광물 중에서 가장 단단해요. 모스라는 사람이 열 가지 광물을 서로 긁어서 어느 쪽이 흠집이 나는지를 보고 광물 사이의 상대적인 굳기를 1부터 10까지 정했는데, 그중에서 가장 단단한 굳기 10인 광물이 바로 금강석이죠."

어린아이가 갑작스럽게 과학 용어까지 써 가며 설명하자, 할머니, 할아버지들뿐만 아니라 장석기와 졸개들까지도 모두 황당한 표정.

그때였다. 별이가 주머니에서 작은 돌 하나를 꺼내 보이며 말했다.

"이건 황옥이에요. 황옥의 굳기는 8. 금강석보다 낮죠. 그러니까 이걸로 금강석을 그어 봤자 아무 흠도 생기지 않겠죠? 바로 이렇게요."

그러더니 별이가 순식간에 큰 다이아몬드 한 개를 집어 황옥으로 쭉 그어 버리는 것이 아닌가!

"헉!"

모두 놀라는데, 별이는 천연덕스럽게 다이아몬드를 보이며 말했다.

"어머, 이상하네! 흠이 생겼어요. 보세요. 아주 선명하게! 그러니까 이 다이아몬드는 가짜네요!"

장내는 웅성웅성 난리가 났다.

"뭐야, 가짜야?"

"그럼 사기 친 거야?"

그러자 장석기가 냅다 소리를 질렀다.

"잡아!"

그 순간, 박 교장이 벌떡 일어나 장석기의 팔을 뒤로 꺾으며 말했다.

"그렇게는 안 되지. 장석기, 당신을 사기 혐의로 체포한다!"

오, 박 교장 멋쟁이! 그리고 그와 거의 동시에 정 형사와 혜성이 그리고 화산이까지 뛰어 들어왔다.

"손 들어!"

결국 장석기와 다이아몬드 사기단은 현장에서 모두 체포되었다.

지구 과학 형사는 누구?

돌아오는 길, 박 교장이 별이에게 물었다.

"콧기름으로 다이아몬드를 감별하는 건 또 어디서 알았니?"

"자료를 찾아보니까 다이아몬드에는 친유성이 있어서 기름에 잘 붙는다고 하더라고요. 옛날 보석상에서는 이 방법을 많이 썼다던데요."

친유성을 이용한 다이아몬드 감별법

'친유성'이란 기름이랑 친한 성질을 말해. 다이아몬드는 친유성이 있지. 그래서 손가락에 콧기름을 묻힌 다음 다이아몬드에 대어 보면 신기하게도 달라붙어. 그러니까 달라붙지 않고 그냥 떨어지는 다이아몬드는 가짜지. 또, 유성펜으로 다이아몬드에 줄을 그어 보면 진짜에는 특별히 뭉치는 부분 없이 잘 그어지는 반면, 가짜에는 친유성이 없어서 뚝뚝 끊어지고 부드럽게 이어지지 않아.

"그랬지, 하하하."

별이의 멋진 활약으로 다이아몬드 사기단은 현장에서 일망타진되었다. 그리고 장석기와 졸개들을 체포해 조사한 결과, 예상대로 가지고 있던 다이아몬드는 모두 유리로 만든 가짜였다. 그동안 435명의 할아버지, 할머니를 속여 모두 8000만 원 이상 이익을 봤으며, 노숙자들의 명의를 빌린 유령 통장을 이용해 대금을 받은 것으로 드러났다.

그렇다면 최종 승자, 'CSI 2기' 지구 과학 형사는 누구? 드디어 발표할 시간이 되었다.

"송화산, 어땠나?"

먼저 혜성이가 화산이에게 물었다. 그러나 화산이는 얼른 대답하지 못했다. 이틀 동안 그에게 일어난 엄청난 일들을 어떻게 한마디로 대답할 수 있을까. 생전 처음 사건을 맡아 수사하는 동안 정신없이 흘렀던 시간, 힘들고 무섭고 긴박했던 순간 그리고 아쉬웠던 순간까지 모두 파노라마처럼 스쳐 지나갔다. 그리고 남은 건!

"아쉬워요. 더 잘할 수 있었는데. 하지만 최선을 다했으니까 후회는 없어요."

"그래, 잘했어."

혜성이가 화산이의 어깨를 두드리며 위로하고 심사 결과를 발표했다.

"사건을 해결하다 보면 흔히 위험한 상황에 빠지게 됩니다. 그럴 때마다 우리는 선택을 해야 하죠. 뛰어들 것인가 아니면 포기할 것인가! 그래서 형사에게는 무모해 보일지라도 과감하게 뛰어들 수 있는 용기가 필요합니다. 'CSI 2기' 지구 과학 형사는 직접 사기단 소굴에 뛰어들어 사건을 해결한 강별입니다."

"강별, 정말 대단하더라. 멋졌어!"

화산이가 별이에게 축하의 악수를 청하자, 별이도 손을 맞잡았다.

"그래, 너도 멋졌어. 수고했어."

"와!"

박수가 울려 퍼지고, 박 교장도, 어 형사도 그리고 정 형사도 흐뭇한 미소를 지었다. 그렇게 '어린이 과학 형사대 CSI 2기' 첫 번째 형사가 탄생했다. 바로 지구 과학 형사, 강별.

 # 별이가 들려주는 사건 해결의 열쇠

'CSI 2기' 지구 과학 형사를 뽑기 위한 실전 테스트, '다이아몬드 사기극'을 해결할 수 있었던 열쇠는 바로 광물에 대해 잘 아는 거야.

💡 암석과 광물

지구의 표면인 지각을 이루는 물질은 대부분 암석, 즉 돌이지. 암석을 자세히 살펴보면 작은 알갱이로 이루어져 있다는 것을 알 수 있어. 바로 그것이 '광물'이야. 광물은 자연적으로 만들어진 것으로 질이 고르고 화학적 조성이 일정한 물질을 말하지.

지금까지 알려진 광물의 종류는 3,000여 가지나 된대. 하지만 암석에 주로 들어 있는 광물은 석영, 장석, 흑운모, 휘석, 각섬석, 감람석 등 10여 가지야. 이들은 암석을 이루는 광물이라는 뜻으로 '조암 광물'이라고 부르지.

〈여러 가지 광물〉

화강암은 흑운모, 장석, 석영으로 이루어져 있고, 반려암은 감람석, 휘석, 각섬석을 많이 포함하고 있지. 특히 광물 중에 다이아몬드, 루비, 사파이어처럼 아름다워서 장식용으로 쓰이는 것을 '보석'이라고 해.

💡 광물의 성질

광물은 저마다 독특한 성질이 있어. 그래서 그 성질을 이용해 광물을 구별해 낼 수 있지.

광물을 구별하는 가장 쉬운 방법은 바로 색깔. 광물의 색은 밝은 색, 어두운 색 등 다양하지. 색깔이 비슷한 경우에는 한 번 구운 자기 판에 광물을 그었을 때 광물 가루가 나타내는 색인 '조흔색'을 비교해서 구별해.

또, 광물의 독특한 모양(결정형)이나 반짝거리는 정도(광택), 광물에 힘을 주었을 때 부서지는 성질인 쪼개짐이나 깨짐으로도 구별할 수 있지.

결정형이 육각기둥 모양인 석영

육각 판 모양으로 쪼개지는 흑운모

조흔색이 검은색인 황동석

〈여러 광물의 성질〉

예를 들어 화강암을 이루는 세 광물의 성질을 살펴볼까? 흑운모는 육각판 모양으로 쪼개지며 검은색을 띠고, 장석은 두꺼운 판 모양으로 흰색이나 분홍색을 띠지. 석영은 두꺼운 육각기둥 모양이고 무색이며 반짝거려.

💡 모스 굳기계

광물을 구별하는 또 한 가지 성질은 무르고 단단한 정도, 즉 굳기야. 독일의 광물학자인 모스는 광물의 굳기를 쉽게 비교할 수 있도록 이미 알려진 10가지 광물의 상대적 굳기를 1~10까지 정해 '모스 굳기계'를 만들었지. 아래 그림이 모스 굳기계야.

이는 다른 광물에 흠을 내는 광물이 흠이 난 광물보다 더 단단하다는 원리를 이용한 거야. 예를 들어 모스 굳기계에서 굳기 2인 석고와 굳기 3인 방해석을 문지르면 방해석에는 흠이 안 나지만 석고에는 흠이 나지.

〈모스 굳기계〉

이를 응용하면 물체의 상대적 굳기를 알아낼 수도 있어. 예를 들어 칼날을 석영에 그으면 석영은 흠이 안 나는데, 정장석에 그으면 정장석에는 흠이 나. 그러니까 칼날의 굳기는 굳기 6인 정장석과 굳기 7인 석영의 사이, 즉 굳기 6.5라고 할 수 있지.

다이아몬드

이 모스 굳기계에서 가장 단단한 것이 바로 굳기가 10인 금강석, 즉 다이아몬드야. 다이아몬드는 그보다 굳기가 낮은 것으로 절대 흠을 낼 수 없지.

그래서 다이아몬드는 보석뿐만 아니라 첨단 산업에서도 귀중한 재료로 쓰여. 날카롭게 다듬은 다이아몬드를 이용하면 단단한 유리도 쉽게 잘라지지. 쇠나 바위에 구멍을 뚫을 때에도 다이아몬드를 써. 또, 다이아몬드를 가루로 만들어 표면이 거친 물건을 갈고 닦는 데 쓰기도 해.

오늘날 전 세계에서 생산되는 다이아몬드의 양은 4톤 정도인데, 그중에서 90% 정도는 공업용으로 사용된다고 해. 그러니 보석으로 가공되는 천연 다이아몬드의 값은 비쌀 수밖에 없지.

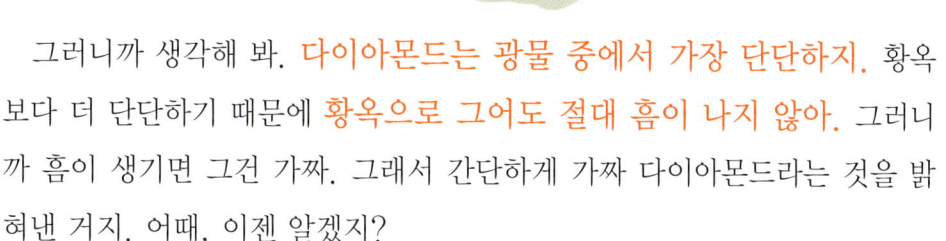

그러니까 생각해 봐. 다이아몬드는 광물 중에서 가장 단단하지. 황옥보다 더 단단하기 때문에 황옥으로 그어도 절대 흠이 나지 않아. 그러니까 흠이 생기면 그건 가짜. 그래서 간단하게 가짜 다이아몬드라는 것을 밝혀낸 거지. 어때, 이젠 알겠지?

핵심 과학 원리 빛과 그림자

그림자 단서

그런데 바로 그때였다. 방 안 여기저기를 다니며 지문을 채취하던 운동이가 혼잣말처럼 중얼거렸다.
"어, 스탠드가 켜져 있네."

 ## 황수리와 최운동

　다음 날 아침, 언제 실전 테스트가 시작될지 몰라 기숙사에서 대기하던 아이들이 막 아침 식사를 마치고 방으로 돌아가려 할 때였다.
　"와, 선배님, 선배님!"
　철민이가 갑자기 수선을 떨며 달려가는 쪽을 보니, 영재가 있었다.
　"이 시간에 웬일이세요? 아, 맞다! 그럼 오늘이 바로 물리 형사?"
　그 순간, 수선 대마왕 철민이에게도 절대 뒤지지 않는 아이가 나타났으니, 바로 최운동. 완전 신 나서 영재에게 달려들어 떠들기 시작했다.
　"선배님, 저 완전 선배님 팬이에요. 사인 한 장만 해 주시면 안 돼요? 지난번에 받으려고 했는데 그땐 분위기가 영 아니어서. 딱 한 장만 해 주세요. 네?"
　이런 황당할 데가. 실전 테스트가 시작되고 오늘이 3일째 되는 날. 그동안 같이 지내 보니 참 맑고 밝고 즐거운 아이라는 것은 알았지만, 이렇게 수선스러운 줄은 진정 몰랐다.
　"그, 그래. 나중에 해 줄게."
　당황한 영재가 얼결에 대답하자,

별이가 퉁명스럽게 한마디 했다.

"최운동, 지금 그럴 때가 아닌 것 같은데."

그렇지. 맞지. 지금 사인이나 받고 있을 한가한 때는 절대 아니지. 그때 영재가 차분한 목소리로 말했다.

"황수리, 최운동. 회의실로 와라!"

그러니까 지금부터 'CSI 2기' 물리 형사를 뽑는 실전 테스트를 시작하겠다는 말씀. 운동이는 그제야 상황 파악이 되었다.

"헉! 지금요? 그럼 지금 테스트하는 거예요?"

영재 뒤를 따라가며 계속 재잘대는 운동이를 보며, 철민이가 뒤에 대고 한마디 한다.

"쟨 왜 저렇게 시끄러워?"

순간, 모두의 눈이 철민이에게 쏠렸다.

"나처럼……."

철민이가 금세 말끝을 흐린다. 그렇지. 리틀 어 형사, 양철민이 그런 말씀 하시면 안 되지. 그러고 보니, 수리는? 어느새 말 없이 영재와 운동이의 뒤를 따라가고 있었다. 철민이가 소리를 질렀다.

"황수리, 파이팅!"

회의실에 도착하자, 영재가 곧바로 사건에 대해 설명하기 시작했다.

"오늘 아침 8시 20분, 단독 주택 2층에 혼자 사는 남자가 침대 위에서 숨진 채 발견됐어. 나이는 29세, 이름은 고민해."

"1층에 사는 집주인 아주머니가 전기세 고지서를 주려고 올라갔다가 처음 발견, 신고했다는군."

그렇다면 살인 사건이란 말인가. 이런! 수리와 운동이는 겁이 덜컥 났다. 바로 전에 테스트를 치른 별이랑 화산이가 맡은 사건은 다이아몬드 사기극. 사건 해결이 그리 녹록지는 않았다지만 그래도 누군가 죽거나 다친 사건은 아니지 않았는가. 그런데 살인 사건이라니! 1년 반이나 어린이 형사 학교에서 수업을 들은 수리도 이제껏 직접 본 시신은 수업 시간에 부검에 대해 배울 때 잠깐 본 것밖에 없었다.

하물며 운동이는 더하지 않겠는가! 워낙 밝고 쾌활한 성격인 데다 그저 형사가 되면 멋있을 것 같다는 생각에 도전했는데, 살인 사건에 뛰어들게 될 줄은 정말 꿈에도 몰랐다.

갑자기 말이 없어지고 얼굴까지 하얘진 운동이와 긴장한 표정이 역력한 수리를 보니, 영재는 두 아이의 마음이 그대로 느껴졌다. 하지만 형사가 되려면 반드시 넘어야 할 산. 영재는 짐짓 모른 척하며 말했다.

"자, 준비됐지? 가 볼까?"

그렇게 'CSI 2기' 물리 형사를 뽑는 실전 테스트가 시작되었다.

사건 현장에 가다!

영재를 따라 출동한 사건 현장. 지은 지 좀 오래되어 보이는 2층짜리

단독 주택이었다. 1층에는 주인이 살고, 밖으로 난 계단으로 올라가는 2층에는 2년 전부터 피해자 고민해가 세 들어 살았단다.

2층 현관으로 들어가자, 부엌과 겸해서 쓰는 작은 마루와 화장실이 있고 방이 하나 있었다. 방에는 책상 하나와 침대가 있었는데, 피해자는 그 침대에서 머리에 피를 흘린 채 숨져 있었다.

수리와 운동이는 얼른 고개를 돌렸다. 영재가 딱 보니 금품을 노린 강도의 짓은 아닌 것 같고, 아무래도 피해자와 아는 사람이 저지른 우발적인 범죄가 아닐지. 아니면 원한 관계에 의한 계획적인 살인?

"뭐 해? 빨리 시작하지."

영재가 재촉하자, 수리가 먼저 용기를 냈다. 천천히 침대 쪽으로 다가가더니, 피해자를 유심히 살피며 사진을 찍기 시작했다. 그러자 운동이도 조심스럽게 살펴보기 시작하는데, 아까의 그 명랑 쾌활했던 모습은 어디가고 잔뜩 겁먹은 표정뿐이다! 영재는 저도 모르게 웃음이 나왔다.

그렇게 잠시 시간이 흐르자, 수리는 마음이 조금씩 안정되면서 그동안 배웠던 내용들이 순서대로 생각나기 시작했다. 일단 사진을 다 찍고 난 다음 핏자국과 지문을 채취해야 한다. 수리가 운동이에게 말했다.

"내가 핏자국 채취할 테니까 네가 지문 채취할래?"

"어? 지문 채취? 그, 그래. 알았어."

당황해 하는 운동이를 보니, 영재는 살짝 걱정이 되었다. 좀 더 차분하게 생각하고 행동하면 좋으련만.

한편, 수리는 배운 대로 잘해 나가고 있었다. 조심스럽게 핏자국을 채취하고 저항한 흔적이나 몸싸움을 한 흔적이 있는지 자세히 살폈다. 영재가 수리 옆에 와서 물었다.

"어때?"

"부검을 해 봐야 알겠지만 무거운 것으로 머리를 맞아 사망한 것 같아요. 겉으로 봐서는 크게 저항하거나 몸싸움을 한 흔적이 안 보여요. 예기치 못한 상황에서 일방적으로 당한 것 같은데……."

'오, 제법인데!'

영재는 조금 놀라웠다. 1년 넘게 같이 보낸 후배인지라 수리의 실력은 익히 알았지만, 그걸 실전에서 어떻게 응용하느냐는 또 다른 문제. 처음엔 좀 꺼리더니 그래도 이내 차분하게 자신의 일을 찾아 하는 모습을 보니 꽤 듬직해 보였다.

그런데 바로 그때였다. 방 안 여기저기를 다니며 지문을 채취하던 운동이가 혼잣말처럼 중얼거렸다.

"어, 스탠드가 켜져 있네."

그러면서 저도 모르게 책상 위의 스탠드를 끄는 것이 아닌가! 헉, 운동이의 돌발적인 행동에 영재는 물론 수리도 깜짝 놀랐다. 범행 장소에 남은 모든 것은 티끌 하나라도 결정적인 증거가 될 수 있으므로 절대 건드리면 안 된다는 철칙을 모른단 말인가. 영재와 수리의 놀란 표정을 보고서야 상황 파악이 된 운동이는 그제야 깜짝 놀라 말했다.

"헉! 어떡하지? 버릇이 돼서 그만……."

운동이는 정신이 번쩍 들었다. 수많은 경쟁자를 물리치고 2차 시험까지 통과한 것만 해도 너무 좋았고, 또 어쩌면 선망의 대상인 'CSI' 형사가 될지도 모른다는 기대감에 잔뜩 부풀어, 운동이는 마치 풍선을 탄 것처럼 신이 나 있었다.

그러나 막상 가장 중요한 관문인 실전 테스트가 살인 사건이다 보니 그 기대감은 어느새 두려움으로 바뀌었고 그래서 정신을 차리지 못했던 것이다. 계속 이렇게 했다가는 'CSI'가 되기는커녕 오히려 민폐만 끼칠 수도 있다. 그리고 무엇보다도 우상이었던 영재 앞에서 너무도 멍청한 실수를 했으니 자신이 정말 한심하다는 생각이 들었다.

"죄송합니다."

운동이는 얼른 잘못을 빌었다. 그러자 영재가 타일렀다.

"그래, 알았으면 됐어. 앞으로는 조심해."

"네."

그렇게 잠깐의 해프닝이 마무리되고 나니, 운동이는 어떻게 해야 되는지 좀 더 명확하게 떠올랐다. 그래서 밖에서 들어온 흔적이 있는지 찾아보기로 하고 집 안팎을 돌아보며 꼼꼼히 흔적을 찾았다. 그러나 피해자의 방은 2층인 데다 하나 있는 창문으로 들어오려면 건물 바깥벽을 타고 들어와야 되는데, 창문에도 창문 밑 담벼락에도 별다른 흔적은 찾아볼 수 없었다. 그렇다면 현관문으로 들어왔다는 얘긴데.

"현관문으로 들어왔다면 피해자가 문을 열어 줬거나 범인이 직접 문을 열고 들어왔다는 얘기잖아요. 그럼 범인은 피해자와 아는 사람일 가능성이 크지 않을까요?"

운동이가 제법 형사다운 말을 했다. 영재가 동의한다는 듯 고개를 끄덕이자 용기를 얻은 운동이가 다시 말을 이었다.

"그래서 말인데요, 일단 피해자의 휴대 전화 사용 내역을 살펴보는 게 어떨까요?"

그래, 바로 그거야! 좀 침착해지니, 운동이는 의외로 논리적인 면이 있었다. 영재가 명령을 내렸다.

"그래, 학교 들어가면 의뢰해."

그사이 수리는 다른 증거물을 찾기 위해 피해자의 책상을 살폈다. 그런데 서랍 중 하나가 잠겨 있었다. 아무리 찾아도 열쇠는 없다.

"선배, 이 서랍이 잠겨 있어요. 뭔가 중요한 게 든 모양인데 열쇠도 없고……."

그러자 영재가 다가왔다.

"그래? 그럼 열어 보지 뭐."

그러더니 다른 서랍에서 클립 한 개를 꺼내 한쪽을 길게 편 다음, 그걸 열쇠 구멍에 집어넣고 이리저리 움직였다. 그랬더니 금세 딸깍! 하는 소리와 함께 서랍이 열리는 게 아닌가. 수리와 운동이는 입이 떡 벌어졌다. 역시 대단한 선배다.

열린 서랍을 살펴보니, 그 안에 든 것은 작은 USB 메모리 한 개. 아주 중요한 자료가 든 것이 아닐까? 그러니까 서랍까지 꽁꽁 잠가 놨지. 수리와 운동이는 USB 메모리를 증거물로 가져가기로 했다. 그리고 돌아오기 전에 집주인 아주머니를 만나서 전날 고민해의 행적을 물었다.

"일요일이라 낮에 잠깐 나갔다 오는 것 같더니, 저녁 내내 방에 있었어. 그리고 난 밤 10시쯤 잤으니까 그 다음부터는 잘 모르겠어."

그 후 별다른 소리는 듣지 못했다고 한다. 둘은 동네를 돌며 지난밤 수상한 사람을 본 목격자가 있는지도 찾아보았다. 그런데 동네 입구의 치킨집 사장님이 밤 10시 30분쯤 처음 보는 고급 승용차 한 대가 잠시 주차되어 있는 걸 봤다고 했다.

"내리는 사람은 보셨어요?"

운동이가 묻자 치킨집 사장님은 고개를 저으며 대답했다.

"그건 못 봤지. 누구 차인가 싶어 유심히 보긴 했는데, 30분쯤 후에 쓰레기 버리러 나갔더니 벌써 없어졌더라고."

고급 승용차라……. 과연 그 차가 이 사건과 관련이 있을까?

 증거를 찾아라!

학교에 돌아온 아이들은 채취해 온 지문과 핏자국의 감식을 의뢰하고 휴대 전화 통화 내역 조회를 신청했다. 그리고 증거물로 가져온 USB 메모리를 컴퓨터에 연결하니, 비밀번호가 걸려 있었다.

그렇다면 우선 비밀번호부터 알아내야 하는데, 솔직히 수리는 컴퓨터에 자신이 없었다. 컴퓨터를 제대로 배우기 시작한 것도 어린이 형사 학교에 입학한 다음이니, 아직 중급 정도의 실력. 그건 운동이도 마찬가지였다. 이럴 줄 알았으면 진작 더 열심히 해 둘걸 하는 후회가 들었지만 이제 와 어떡하랴! 결국 영재가 도와주기로 했다.

영재가 비밀번호를 알아내는 사이, 수리와 운동이는 고민해에 대해 자세히 알아보기로 했다. 고민해가 다니던 회사는 중간 규모의 건축 회사인 '지어바'. 거기서 고민해는 경리부에 근무했다고 한다. 그래서 일단 회사로 가서 경리부장을 만나기로 했다. 경리부장 박찬식은 고민해가 죽었다는 말을 듣자 소스라치게 놀라며 물었다.

"주, 죽었다니? 고민해 씨가 죽었단 말이야?"

"네, 오늘 아침 8시 20분에 살해된 채로 발견되었습니다."

수리의 말에 아무 말도 못하는 박찬식. 고민해의 죽음에 대해 뭔가 아는 것은 아닐까?

"최근에 수상한 점은 없었나요?"

운동이가 묻자 박찬식은 정색을 하며 되물었다.

"수상한 점? 어, 어떤?"

"뭔가 문제가 있어 보였다든가, 누군가에게 협박을 받고 있는 것 같았다든가, 뭐 그런 거요."

"아니! 저, 절대 그런 거 없었어. 고민해 씨가 얼마나 성격 좋고 일도 잘했는데. 다른 직원들한테도 물어봐. 다 그렇게 말할걸. 아,

그래서 내가 이번에 특별히 대리로 승진을 시키려고 승진자 명단에도 올렸잖아. 사실 아직 승진할 연차가 아닌데, 워낙 일을 잘해서 내가 특별히 추천했지."

박찬식은 펄쩍 뛰며 강력히 부인하더니, 본인이 올린 승진자 명단까지 보여 주었다. 박찬식의 말이 사실이라면 회사에서는 별 문제가 없었다는 말인데.

그때였다. 영재에게서 USB 메모리의 비밀번호를 알아내 문서를 열었다는 전화가 걸려 왔다. 수리와 운동이는 얼른 학교로 돌아왔다.

"회사 회계 장부인데, 따로 관리한 비밀 장부 같아."

영재가 문서를 보여 주며 말했다. 둘이 살펴보니, 지난해와 올해 주식회사 지어바의 회계 장부가 분명했다. 경리부에 근무해서 회계 장부를 가지고 있었나?

그런데 수리가 다시 자세히 살펴보니, 한 달에 두 건씩 빨간색으로 표시된 부분이 있었다. 하나는 출금된 것, 하나는 입금된 것이었다. 일주일 간격으로, 그것도 같은 금액으로. 이런 현상은 그렇게 매달, 8개월 동안 계속되었다. 그런데 지난 6월과 7월에는 나간 돈만 있고, 다시 들어온 돈이 없다. 그렇다면 이건?

"누군가 회사 돈을 빼돌린 증거가 아닐까요?"

수리의 말에 영재는 이미 알고 있었다는 듯 고개를 끄덕였다.

"그래, 바로 그거야."

수리와 운동이가 학교로 오는 동안 영재는 벌써 장부의 비밀을 알아낸 것이다. 그렇다면 이제 누가 회사 돈을 빼돌렸는지를 밝혀야 한다. 혹시 경리부장과 연관이 있을지도 모르니, 아무래도 회사 직원들을 몰래 만나야 할 듯했다.

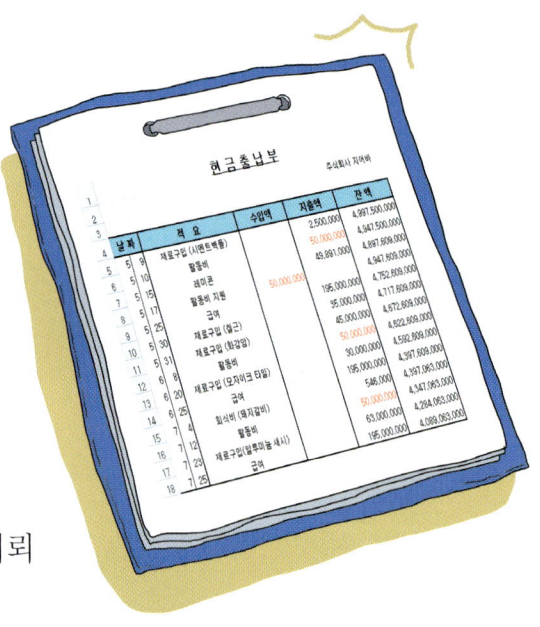

그때였다. 정 형사가 아이들이 의뢰한 검사 결과를 가지고 들어왔다.

"부검 결과, 사망 추정 시간은 어젯밤 10시 30분에서 12시 사이. 뭔가 무거운 것으로 머리를 맞아 즉사했어. 멍이나 다른 상처가 없는 것으로 봐서 별다른 저항이나 몸싸움은 없었다고 볼 수 있지."

역시 예상대로다. 정 형사가 말을 이었다.

"또 지문 감식 결과, 서랍과 집 안에서는 피해자 지문만 발견됐고, 현관문에서는 집주인 아주머니 지문만 나왔어."

"현관문에 피해자 지문이 없었다면, 범인이 지문을 지웠단 거네요."

운동이가 제법 날카롭게 지적하자, 영재가 고개를 끄덕였다. 그렇다. 현관문에서 피해자의 지문이 발견되지 않고 최초 목격자인 집주인 아주머니의 지문만 발견됐다는 것은 범인이 범행 후에 자신의 지문을 없애기 위해 현관문에 있는 지문을 모두 지웠다는 얘기. 수리도 말했다.

"서랍에서도 피해자의 지문만 나왔다는 건 범인이 서랍에 이 USB 메모리가 들어 있는지 몰랐다는 거죠."

이 부분에서는 두 가지의 가정이 가능하다. 이 USB 메모리가 범인과 아무 관련이 없거나, 범인이 미처 이 USB 메모리가 있는지 몰랐거나.

"그리고 핏자국도 피해자 것만 나왔어."

정 형사가 말했다. 그렇다면 예상치 못한 상황에서 저항도 못하고 일방적으로 당했다는 얘기가 된다. 여기서 수리는 의문이 생겼다.

'결국 한 번 맞고 즉사했다는 얘긴데, 그 정도의 위력을 가진 범행 도구가 과연 뭘까?'

수리는 아무래도 사건 현장에 다시 가 봐야겠다는 생각이 들었다.

"자, 통화 내역도 확인해 봐."

정 형사가 휴대 전화 통화 내역을 탁자 위에 내려놓고 나갔다. 얼른 보니, 가만, 이게 누군가!

"박찬식이다!"

수리와 운동이가 동시에 소리를 질렀다. 어젯밤 9시경, 경리부장 박찬식에게서 전화가 온 것이다. 운동이가 확신에 찬 목소리로 말했다.

"그래! 이 사람, 아까부터 이상했어. 고민해가 죽었다고 하니까 엄청 놀랐잖아. 얼굴까지 하얗게 질리면서. 게다가 수상한 점 없었냐고 물으니까 당황하면서 자기가 승진시켜 주려고 했다는 둥 물어보지도 않은 말을 하는 게, 분명해. 이 사람이 범인이야."

맞다. 수리도 좀 수상하다는 생각이 들었다. 자신이 피해자에게 얼마나 잘해 줬는지 애써 설명하는 모습이 부자연스럽기는 했다. 정말 운동이의 말대로 자신의 죄가 드러날까 봐 그런 것일까?

 용의자를 찾다

수리와 운동이는 다시 회사 근처로 갔다. 그리고 아까 확보한 직원 명단을 살펴 고민해와 친했다는 기획부 직원 진실한을 살짝 불러냈다.

"이번 사건과 관련이 있을지는 모르겠는데, 최근 회사에 고민해 씨가 대리로 승진하게 된다는 소문이 돌면서 말이 좀 많았어."

"왜요? 연차가 아직 안 되는데 승진하게 돼서요?"

운동이가 아는 척을 했다.

"그렇지. 경리부만 해도 위로 두 명이나 더 있는데, 말단 사원이 대리가 된다니 좀 그렇잖아. 더군다나 경리부장이 그렇게 고민해 씨를 예뻐하진 않았거든. 오히려 처음엔 굼뜨다고 구박하고 그랬지."

"고민해 씨를 대리로 추천한 사람이 경리부장님이라고 하던데요?"

"그러니까 그게 더 이상하지. 그런데 소문에 따르면 유용한 상무님이 직접 명령을 내렸다는 얘기도 있긴 했어. 최근에 상무님이 고민해 씨를 자주 불렀대. 그래서 순진한 줄 알았더니 어떻게 상무님 눈에까지 들었냐고 수군거렸지."

상무님? 그렇다면 혹시 유용한도 관련이 있는 건 아닐까? 그렇다면 일단 회사 장부에서 보았던, 빠져나간 돈이 어디로 흘러들었는지부터 찾아내야 한다.

수리와 운동이는 곧바로 계좌 추적을 시작했다. 매달 5000만 원 정도의 돈이 여러 계좌로 들어갔다가 다시 들어왔는데, 계좌마다 명의가 다 다르다. 아무래도 흔적을 없애기 위한 것 같다. 그렇다면 좀 더 쉽게 경리부장 박찬식과 상무 유용한의 계좌를 추적해 보자.

그랬더니 돈이 들어가고 나온 계좌는 모두 유용한이 다른 사람의 명의를 빌려서 만든 계좌임이 밝혀졌다. 유용한은 두 달 전까지만 해도 주식 투자를 통해 꽤 재미를 본 듯했다. 그렇다면 회사 돈을 빼돌려 일정 기간 주식에 투자하고 다시 회사 계좌에 넣는 수법을 썼다는 얘기.

그런데 이상한 점이 있었다. 회사 돈이 비는 두 달 전부터 주식 가격이 급격히 떨어진 것이다. 그렇다면 유용한은 그때 큰 손해를 본 탓에 원금 찾기도 힘들게 되자 제때 돈을 회사 계좌에 넣지 못했고, 그로 인해 돈이 비는 것을 고민해가 알게 된 것이 아닐까?

또, 경리부장 박찬식의 계좌에 지난 8개월 동안 매달 200만 원씩 입금된 것이 확인되었다. 입금한 사람은 송옥진. 알아보니, 송옥진은 유용한의 부인이었다. 그렇다면 유용한이 부인 명의의 통장으로 박찬식에게 매달 일정한 돈을 주었다는 것. 이는 박찬식이 회사 돈을 빼돌려 유용한에게 주고, 유용한은 그 대가로 박찬식에게 돈을 준 것으로 보인다.

그럼 이를 알게 된 고민해의 입을 막기 위해 승진시켜 준다고 꾀었던 것일까? 하지만 거절해서 죽였다? 그렇다고 죽인다는 게 말이 되나?

"부검 결과로 봐서는 단 한 번에 머리를 맞고 사망한 것으로 볼 수 있잖아요. 그렇다면 홧김에 충동적으로 범행을 저지른 게 아닐까요?"

수리의 말에 영재와 운동이는 고개를 끄덕였다.

"그럼 이제 두 사람의 알리바이만 알아내면 되겠네."

운동이가 신이 나서 말했다. 솔직히 처음에 실수도 해서 걱정을 많이 했는데, 그래도 이제껏 잘 해낸 것 같아 운동이는 기분이 좋아졌다. 영재의 표정을 보니, 영재도 자신의 활약을 꽤 맘에 들어 하는 것 같았다.

아이들은 곧바로 두 사람을 만났다. 먼저 수리가 박찬식에게 물었다.

"사건이 일어난 날 밤 9시에 피해자와 통화를 하셨던데, 왜 하셨죠?"

"그, 그건……. 어, 요즘 고민해 씨가 자꾸 지각을 하더라고. 그래서 내일은 늦지 말라고. 그래, 그래서 전화한 거야. 정말이야."

그러고는 그날 하루 종일 집에 있었다는데, 박찬식의 부인에게 확인하자 그렇다는 답변이 돌아왔다.

유용한 역시 마찬가지였다. 운동이가 자신만만하게 고민해의 집에서 나온 회계 장부와 박찬식의 통장 사본 등의 증거물을 내놓으며 말했다.

"회사 돈을 빼돌려 주식에 투자하셨고 그 돈을 빼돌려 주는 대가로 경리부장 박찬식 씨에게 매달 사모님 이름으로 200만 원씩 보내셨죠. 그런데 지난 두 달 동안 주식 가격이 떨어져 손해를 많이 봐서 회사 돈을 돌려주지 못했고 그걸 고민해 씨가 알게 되자 입을 막으려고 범행을 저지른 게 아닌가요?"

운동이의 속사포 같은 말에 유용한의 얼굴은 점점 벌겋게 달아올랐다. 그러나 운동이가 말을 마치자, 아주 뻔뻔한 얼굴로 말했다.

"그래, 회사 돈을 빼돌렸다 치자. 그렇다고 그것이 내가 고민해를 살해했다는 증거가 되나?"

맞다. 맞는 말이다. 유용한이 회사 자금을 빼돌렸고, 그걸 고민해가 알았다고 해서 그가 고민해를 죽였다고 단정할 수는 없다.

> **골프공에 홈이 파인 이유는?**
>
> 골프에서 가장 중요한 것은 공을 최대한 멀리 날아가게 하는 것. 그러려면 공이 공기의 저항을 적게 받아야 하지. 골프가 처음 시작됐을 때에는 표면이 매끈한 골프공이 쓰였어. 그런데 그 후 표면이 매끈한 새 공보다 표면이 거친 헌 공이 더 멀리 날아간다는 사실을 깨닫게 되었지. 그래서 차츰 오늘날과 같이 울퉁불퉁 홈이 파인 골프공으로 바뀐 거야.

"그날 난 골프 약속이 있어서 나갔다가 집에 9시쯤 들어왔어. 우리 집사람한테 물어봐. 아, 그래! 내 운전 기사한테 물어봐도 되겠군."

잠시 후, 유용한의 운전 기사라는 송 기사가 들어왔다.

"1시쯤 집에서 나오셔서 골프장에서 친구분들하고 골프 치시고, 서울에 와서 저녁 드신 후에 9시 반쯤 집에 들어가셨어."

하기야 물어보나 마나지. 이미 말을 맞춰 놨을 텐데. 결국 수리와 운동이는 아무 소득 없이 학교로 돌아올 수밖에 없었다.

어느덧 해가 뉘엿뉘엿 지고 있었다. 하루 종일 뛰어다닌 결과 그래도 용의자 두 명은 확보한 셈인데, 가장 중요한 물증이 없다. 그걸 도대체 어디서 찾는단 말인가!

 그림자 단서

다음 날 아침, 운동이가 일어나자마자 수리를 찾아왔다.

"아무리 생각해도 난 상무랑 경리부장이 범인인 것 같아. 그리고 만약 그들이 범인이라면, 그날의 알리바이는 분명히 가짜겠지? 그래서 말인데, 난 오늘 우선 그들의 알리바이가 거짓이라는 증거부터 찾아보려고 하는데, 어때?"

그러자 수리가 대답했다.

"그럼 나는 사건 현장에 다시 가 볼게. 상무랑 경리부장이 함께 꾸민 일이든 아니면 둘 중 한 사람이 한 일이든, 범행에 사용된 도구가 뭔지 알아내야 할 것 같아. 범행 도구를 다시 찾아보고 혹시 우리가 놓친 증거물이 있는지도 찾아볼게."

"좋아, 그럼 오늘은 따로 수사해 보자."

그렇게 둘은 각자 자신의 감대로 수사를 시작했다.

사건 현장으로 간 수리는 범행에 사용된 도구로 인한 흔적이 없는지 샅샅이 살폈다. 하지만 아무리 봐도 너무 깨끗했다.

그런데 바로 그때였다. 수리의 눈에 띄는 것이 있었으니, 바로 창문. 그리고 그 창문을 통해 마주 보이는 옆집 창문. 누군가 그 창문 뒤에서 움직이는 것이 느껴졌다.

가만히 창문 뒤쪽에 숨어서 보니, 옆집 창문의 커튼 안쪽에서 누군가 살며시 고개를 내밀었다. 조금 겁먹은 표정의 아이였다. 아이는 이 방의 남자가 죽었다는 사실을 알고 있을까? 그래서 저런 표정으로 이 방 안을 살피는 것일까?

그러고 보니, 저 창문을 통해서라면 이 방 안에서 일어난 일을 봤을 수도 있다. 수리는 얼른 옆집으로 갔다. 어제 들러서 물었을 때 옆집 아주머니는 아무것도 못 봤다고 했다. 하지만 아이는 아닐 수도 있다.

옆집에 간 수리는 2층을 좀 보겠다고 부탁해 옆집 아주머니를 따라 2층으로 올라갔다. 그런데 급하게 의자 끄는 소리가 들렸다. 아이가 1층을 내려다보고 있었던 게 분명하다. 아이 방의 문을 열고 들어가자, 공부하는 척하는 아이가 보였다. 초등학교 1학년, 이름은 강수연.

"미안, 잠깐만 볼게."

수리는 창문을 통해 피해자의 방 창문을 살펴보았다. 방 전체가 보이지는 않지만 방문과 침대 사이의 빈 벽이 보였다. 수리는 수연이에게 조심스럽게 물었다.

"이 창문 가끔 내다보니?"

"네? 아, 아니요."

수연이는 고개를 절레절레 저었다.

"혹시 수연이가 창문으로 뭔가 봤나 해서 그러는 거야?"

옆집 아주머니가 끼어들어 물었다.

"아, 네. 저쪽에서 보니까 이쪽이 꽤 잘 보이더라고요. 그래서 혹시나 하고요."

"그래? 수연아, 너 그저께 밤에 뭐 봤니?"

옆집 아주머니의 물음에 수연이는 얼른 고개를 저으며 말했다.

"아니, 모, 못 봤어요. 아무것도 못 봤어요."

강하게 부정하는 것이 오히려 더 이상하다는 생각이 들었다. 수리가 다시 물었다.

"수연아, 본 것만 말해 주면 돼. 혹시 저 집에 사는 아저씨 봤니?"

그러자 수연이는 다시 고개를 저었다.

"그럼 다른 사람은?"

역시 고개를 젓는 수연이. 그럼 정말 아무것도 못 봤단 말인가? 수리는 살짝 실망했다. 혹시 뭔가 단서라도 잡을 수 있을까 했는데…….

"그래, 알았어. 고마워."

결국 포기하고 일어서려는데, 수연이가 자그마한 목소리로 말했다.

"그림자 봤어요."

뭐? 그림자? 그림자를 보다니! 수리가 다급하게 물었다.

"그림자? 무슨 그림자?"

"벽에 있는 그림자. 어떤 사람이 기다란 걸로 막 이렇게 하는 거."

수연이는 내리치는 시늉까지 해 가며 말했다. 가만, 그러니까 사람을 직접 보진 못했고 그림자를 봤는데, 그 그림자가 기다란 무엇인가를 가지고 내리쳤다는 말인가?

"누구를?"

옆집 아주머니가 놀란 목소리로 물었다.

"아저씨를. 으앙~."

수연이는 울음을 터뜨리고 말았다. 옆집 아주머니가 얼른 수연이를 달랬다.

"어, 그래. 괜찮아, 괜찮아. 그런 거 봤으면 엄마한테 얘기를 했어야지. 괜찮아, 울지 마."

그러니까 수연이는 이 창문을 통해서 피해자 방의 벽을 보았고, 거기엔 그림자가 있었다. 누군가 피해자를 내리치는 모습의 그림자.

맞다! 어제 운동이가 스탠드가 켜져 있다고 하면서 책상 위의 스탠드를 껐다. 그건 분명히 사건 당시에 스탠드가 켜져 있었다는 얘기. 그리고 확인해 봐야겠지만 방의 불이 꺼져 있는 상태에서 스탠드만 켜져 있었다면, 그리고 그 상황에서 사건이 벌어졌다면, 벽에 그림자가 생겼을 확률이 높다. 왜냐하면 그림자는 빛이 불투명한 물체를 통과하지 못해서 생기는 것이기 때문이다.

빛은 직진하는 성질이 있는데, 투명한 물체는 통과하지만 불투명한 물체는 통과하지 못한다. 그래서 불투명한 물체가 빛을 막으면 빛이 통과하지 못한 부분이 검게 나타나는데, 그게 바로 그림자.

그렇기 때문에 그림자는 빛이 비치는 반대쪽에 생기고, 빛이 비치는 방향에 따른 물체의 모양을 그대로 보여 준다. 또, 물체가 움직이면 그림자도 따라서 움직인다.

그러니까 수연이가 본 그림자, 즉 어떤 사람이 무언가로 내리치는 장면은 아주 중요한 단서가 될 수 있다.

그 사람이 누구인지까지는 알 수 없겠지만, 그림자 모양으로 범행 도구가 무엇인지는 미루어 알아낼 수 있지 않을까? 수리가 다시 물었다.

"수연아, 기다란 게 어떻게 생겼는지 기억나?"

수연이가 눈물을 닦으며 고개를 끄덕였다.

"그래, 그럼 한번 그려 봐."

수리가 종이와 연필을 내밀자 수연이가 그림을 그렸다.

"이렇게 기다란데 끝에 동그란 게 있어요."

기다란데 끝에 동그란 게 있다. 그게 뭘까? 수리는 다시 피해자의 방으로 갔다. 역시 예상대로 방 안의 전등은 꺼져 있었다. 컴컴한 방 안에 책상 위의 스탠드만 켜진 상태에서 범인이 침대 곁에 서 있었다면, 빛은 직진하므로 바로 빈 벽에 그림자가 생길 것이다. 그리고 그 그림자가 기다랗고 끝이 동그란 무거운 물건으로 피해자의 머리를 내리치자 피해자는 곧바로 침대에 쓰러져 숨졌다.

그래, 바로 이거다! 그렇다면 이제 그 기다랗고 끝이 동그란 것이 무엇인지를 알아내야 한다.

수리는 학교로 돌아왔다. 그리고 실험실로 가서 창문 커튼을 다 닫아

컴컴하게 만들고는, 수연이가 그림자를 봤다는 벽과 책상 위 스탠드 사이의 거리와 같은 거리에 스탠드를 놓았다. 그러고는 여러 가지 물체를 스탠드 불빛에 비추어 보며 각 물체의 그림자를 확인했다. 역시 처음 그림을 볼 때부터 예상했던 것, 그게 확실하다. 바로 그때였다.

"아유, 컴컴해. 불 다 꺼 놓고 뭐 하는 거야?"

영재다. 수리가 돌아와 실험실로 갔다는 얘기를 듣고 와 본 것이다. 수리가 자초지종을 이야기하자 영재는 수연이가 그렸다는 그림을 봤다. 영재도 뭔지 알 것 같았다.

"그래서 뭔지는 알아냈어?"

"네, 이거요."

수리가 내민 것은 바로 골프채. 맞다. 기다란 막대 끝에 동그란 것이 달린 무거운 물체. 영재도 그림을 보자마자 골프채가 떠올랐다. 그렇다면 범행에 사용된 둔기는 바로 골프채?

골프채는 공을 치는 헤드 부분의 재질에 따라 크게 우드와 아이언으로 구분한다. '아이언'은 이름대로 철로 만들어졌고, '우드'는 옛날엔 이름대로 나무를 썼지만 지금은 티탄과 스테인리스 스틸을 주로 쓴다. 그걸로 머리를 내리쳤다면, 결과는 뻔하다.

> **골프채의 힘은 얼마나 셀까?**
>
> 골프채가 골프공을 맞히는 시간은 1만분의 5초로 아주아주 짧아. 그런데 이때 순간적으로 엄청난 힘이 가해지고, 골프공이 이 힘을 받아 멀리 날아가지. 골프채가 땅에 있는 지름 약 4.3cm, 무게 약 45g의 골프공을 맞히는 순간 엄청나게 큰 충격이 가해지고, 이 힘을 받은 골프공은 1분에 2000~3000번 돌면서 시속 200~300km의 속력으로 날아가는 것으로 알려져 있어. 정말 대단하지?

"유용한 상무가 그날 골프 치러 갔다고 했잖아요. 그럼 혹시 골프 치고 오는 도중에 고민해의 집에 들렀던 건 아닐까요?"

그런데 바로 그때였다.

"선배님, 수리야!"

운동이가 헐레벌떡 뛰어 들어오며 두 사람을 불렀다. 뭔가 알아낸 게 분명하다.

"그때 치킨집 사장님이 그랬잖아요. 그날 밤, 고급 승용차가 30분쯤 서 있었다고. 알아보니까 유용한 상무 차가 검은색 '달리자'예요. 그래서 치킨집 사장님한테 물어봤더니, 검은색 달리자가 맞대요."

그럼 좀 더 확실해진다. 유용한은 그날 고민해의 집에 갔다. 송 기사가 증명해 준 알리바이는 유용한의 지시에 따른 것이 분명하다.

 물리 형사는 누구?

결국 송 기사는 위증했음을 자백했다.

"그날 친구분들이랑 골프 치고 나서 저녁 드시고 9시 반쯤 집으로 가시던 건 맞아요. 그런데 도중에 전화를 받으시더니, 갑자기 소리를 지르시더라고요. '됐어! 내가 가 볼게.' 하고요. 그러더니 갑자기 차를 세우라고 하셨어요. 상무님이 직접 운전한다고. 그래서 전 차에서 내려서 집으로 갔어요. 그뿐이에요. 다음 날 아침에 상무님이 부르셔서 혹시 누가 물으면 그렇게 말하라고 하셔서 할 수 없이……."

그렇다면 이제 범행 도구로 썼을 가능성이 높은 골프채를 찾아야 한다. 곧바로 유용한의 집과 차에 대한 압수 수색 영장이 발부됐다. 하지만 골프채는 모두 멀쩡했다. 충격으로 움푹 들어갔거나 피 묻은 자국도 없었다. 하기야 범행 도구로 쓴 것을 그대로 갖고 있진 않았겠지.

"범행 후에 바로 버리진 않았을 거예요. 일단 차로 가지고 들어왔을 테니, 차 시트나 바닥에 조금이라도 핏자국이 있지 않을까요?"

수리의 의견에 영재는 고개를 끄덕였다. 그리고 곧바로 유용한의 차와 골프채 하나하나에 대해 루미놀 검사를 했다. 그 결과, 차 트렁크 안에서 핏자국이 발견되었다. 결국 유용한이 범인임이 밝혀진 것이다.

　예상대로 유용한은 회사 돈을 몰래 빼돌려 주식에 투자했고, 박찬식은 그 돈을 빼돌려 주는 대가로 매달 일정 금액의 돈을 받았다. 그런데 두 달 전부터 주식 가격이 떨어지면서 돈이 제대로 돌지 않자 제때 돈을 돌려놓지 못하게 됐고, 그걸 고민해가 알아차렸다.

　그래서 고민해의 입을 막기 위해 돈을 주겠다, 대리로 승진시켜 주겠다는 등의 파격적인 제안을 했고, 급기야 박찬식을 통해 1억 원을 주겠다고까지 했으나 고민해는 그것마저 거절했다고 한다. 이는 박찬식의 증언으로도 밝혀졌다.

　"난 상무님이 시킨 대로 한 죄밖에 없어요. 내가 직접 회사 돈을 쓴 것도, 고민해 씨를 죽인 것도 아니잖아요. 상무님이 마지막으로 한

번 더 설득해 보라고 해서 그날 9시쯤 전화를 했는데, 1억 원을 주겠다고 해도 싫다는 거예요. 그래서 상무님한테 그대로 전한 건데."

결국 그 전화를 받은 유용한은 당장 자신의 죄가 드러날 상황에 이르니, 안 되겠다 싶어 겁이라도 주려고 고민해의 집에 찾아갔다는 것.

"처음엔 무릎까지 꿇으면서 애원했어요. 그런데 꿈쩍도 안 하더라고요. 화도 나고 겁이라도 줘야겠다는 생각으로 한 건데 그만……. 정말 그렇게 죽을 줄은 몰랐어요."

"골프채를 가지고 갔다는 건 이미 죽일 의도가 있었던 것 아닌가요?"

정 형사의 물음에 유용한은 손사래를 쳤다.

"아니에요. 그건 정말 아니에요."

그리고 범행 도구로 쓴 골프채는 집으로 돌아가다가 한강에 던져 버렸다고 했다. 유용한의 말대로 진짜 홧김에 일어난 우발적인 범행인지 아닌지는 좀 더 조사해야 할 일. 결국 사건은 그렇게 마무리되었다.

이제 드디어 이번 테스트의 승자, 'CSI 2기' 물리 형사를 발표할 시간. 그런데 누가 더 사건 해결에 기여했는지를 판가름하기가 모호했다. 말 그대로 막상막하였다. 결국 박 교장, 어 형사, 정 형사 그리고 네 명의 심사관인 혜성이, 영재, 요리, 달곰이가 모여 긴급 회의를 했다.

운동이의 경우, 처음엔 실수를 하기도 했지만 그 후 휴대 전화 통화 내역 조회를 제안하고, 치킨집 사장이 본 차가 유용한의 차임을 알아내는 등 상당한 수사 실력이 있음을 알 수 있었다.

수리의 경우도 처음엔 당황했지만 그래도 금세 형사로서 해야 할 일을 차분하게 수행한 점 그리고 무엇보다도 목격자를 찾아내고, 그림자를 이용해 범행 도구가 골프채임을 밝혀냄으로써 확실한 단서를 찾아낸 점 등 역시 어린이 형사 학교에서 착실하게 실력을 쌓아 왔음을 알 수 있었다.

그렇다면 과연 'CSI 2기' 물리 형사는 누가 될까? 영재가 발표했다.

"우리가 맡은 일은 과학 원리를 이용해 범인을 찾아내는 것입니다. 하지만 지식으로 알고 있는 과학 원리를 실전에 응용해서 증거를 찾아내는 일은 쉽지 않죠. 그렇기 때문에 항상 연구하고 노력하는 자세가 필요합니다. 그래서 이번 테스트의 승자는 아이가 본 그림자 단서를 놓치지 않고 응용하여 중요한 증거를 찾아낸 황수리입니다."

발표가 끝나자, 수리뿐 아니라 별이, 철민이, 그리고 남우까지, 좋아서 난리가 났다. 하지만 운동이는 억울한 표정. 열심히 했으니 그만큼 실망도 컸을 터. 영재는 괜히 미안한 마음이 들었다.

"너도 잘했어. 하지만 사건 해결의 핵심이 된 증거를 수리가 찾아냈기 때문에 수리가 이긴 것으로 결정됐어."

영재의 위로에 운동이는 고개를 숙인 채 천천히 고개를 끄덕였다. 그런데 바로 다음 순간, 뭔가 떠올랐는지 갑자기 얼굴빛이 환하게 밝아지며 큰 소리로 말했다.

"맞다! 어제 사인해 주신다고 했죠? 그럼 그 대신 사인 두 장 해 주세요. 친구 갖다 주게요. 네? 헤헤헤."

"하하하하."

모두 웃음을 터뜨리고 말았다. 이런 맑고 밝고 즐거운 표정은 어디서 나오는지. 엉겁결에 사인을 해 준 후에 영재가 말했다.

"자, 그럼 수고한 황수리, 그리고 최운동에게 박수!"

"와!"

박수 소리가 울려 퍼졌다. 그래, 열심히 최선을 다했으니 괜찮아. 둘 다 정말 잘한 거야.

 ## 수리가 들려주는 사건 해결의 열쇠

'CSI 2기' 물리 형사를 뽑는 실전 테스트는 한밤에 일어난 살인 사건. 결정적인 단서가 된 사건 해결의 열쇠는 바로 그림자였지.

💡 빛과 그림자

햇빛이 비치는 운동장에 나가 그림자놀이를 해 본 적 있니? 컴컴한 밤길, 가로등 밑에서 그림자놀이를 해 봐도 재밌지.

그림자는 언제나 내 모습과 행동을 그대로 비춰 줘. 팔을 올리면 저도 올리고, 다리를 들면 저도 들고, 이리저리 움직일 때마다 항상 따라 움직이지. 왜 그럴까?

그림자는 불투명한 물체가 빛을 막아서 생기는 어두운 부분이야. 빛은 언제나 똑바로 직진하려는 성질이 있어. 돌아가거나 구불구불 가지 않지. 그런데 빛은 유리나 비닐처럼 투명한 물체는 통과할 수 있지만 나무나 사람처럼 불투명한 물체는 통과할 수가 없어.

빛이 닿지 않은 곳은 어떻게 될까? 그래, 밤처럼 어두워지지. 그러니까 빛이 통과하지 못한 물체의 뒤쪽이 물체의 모양 그대로 어두워지는데, 그게 바로 그림자야. 그래서 그림자는

언제나 빛의 반대쪽에 생기고, 물체가 움직이면 함께 움직이지. 또한, 그림자는 같은 물체라도 빛이 비치는 각도에 따라 여러 가지 모양으로 변신해.

빛은 똑바로 직진한다.　　　　　　　　　물체를 놓으면 그림자가 생긴다.

〈빛의 직진과 그림자〉

그림자의 크기

그림자를 만들려면 우선 빛이 필요해. 빛이 없으면 그림자도 없지. 빛을 내는 물체에는 태양을 비롯한 별, 전등, 촛불 등이 있는데, 이를 '광원'이라고 해. 또한 그림자를 만들어 줄 불투명한 물체가 필요하고, 너무 밝으면 빛의 효과를 잘 볼 수 없으니까 사방이 어두운 게 좋아.

방 안의 전등을 끄고 벽에 손전등을 켠 다음, 벽과 손전등 사이에 물체를 하나 놓아 봐. 어때, 그림자가 생겼지?

그럼 이번엔 물체를 앞뒤로 왔다 갔다 해 봐. 어때? 물체가 움직이는 대로 그림자도 따라서 움직이지? 그런데 좀 더 자세히 관찰해 보면 그림자 모양은 변하지 않고 그림자 크기가 변하는 것을 알 수 있어.

물체를 손전등에 가까이, 또 멀리 가져가 보면서 그림자의 크기가 어떻게 달라지는지 관찰해 봐. 물체가 손전등에 가까이 있을수록 그림자는 커지고, 멀리 있을수록 그림자는 줄어들지. 이는 물체가 빛에 가까울수록 빛을 더 많이 가리기 때문이야.

광원과 물체 사이의 거리가 가까워지면 그림자가 커진다.

광원과 물체 사이의 거리가 멀어지면 그림자가 작아진다.

〈그림자의 크기〉

💡 그림자의 길이

그럼 이번엔 그림자의 길이를 달라지게 해 볼까? 물체를 그대로 두고, 손전등의 높이를 다르게 해 보는 거야. 손전등을 높이 비출수록 그림자는 짧아지고, 손전등을 낮게 비출수록 그림자는 길어지지. 역시 빛이 직진하기 때문에 일어나는 거야.

이런 현상은 우리 주변에서도 쉽게 관찰할 수 있어. 운동장에 나가서 그림자놀이를 해 보면 아침이랑 저녁에는 긴 그림자가 생기는 반면, 한낮에는 짧은 그림자가 생기는 것을 알 수 있지. 해가 뜨는 아침이나 해가 지는 저녁은 해가 낮게 떠 있기 때문에 그림자가 길게 지고, 한낮에는 해가 높이

광원이 높이 있으면 그림자가 짧아진다.   광원이 낮게 있으면 그림자가 길어진다.

〈그림자의 길이〉

떠 있기 때문에 그림자가 짧게 지는 거야.

 그러니까 생각해 봐. 목격자는 창문으로 책상 스탠드 불빛에 의해 벽에 생긴 그림자를 보았어. 그림자는 빛이 불투명한 물체를 통과하지 못해서 생기는 것. 그래서 **그림자의 모양으로 범행에 사용한 도구가 골프채라는 것을 추정**함으로써 범인을 잡을 수 있었던 거야. 어때, 이젠 알겠지?

핵심 과학 원리 | 산소의 성질

명화를 복원하라!

"헉! 그, 그림이!"
모두의 눈이 쏠린 곳은 바로 마루 소파 위에 걸린 커다란 그림.
곧이어 주인아주머니도 주저앉으며 탄식했다.
"어머나, 이를 어째! 이게 얼마짜린데!"

양철민과 장원소

"너희는 좋겠다! 진짜 부럽다!"

철민이와 남우가 별이와 수리를 볼 때마다 하는 소리다. 실전 테스트가 시작된 지 일주일. 그사이 별이와 수리는 벌써 테스트를 마치고 당당히 'CSI 2기'가 됐는데, 둘은 아직 시작도 못했으니 부러울 수밖에!

물리 형사 테스트가 끝나고 벌써 이틀째. 그런데도 아직 감감무소식이다. 테스트가 언제 시작될지 몰라 잔뜩 긴장한 채로 지내다 보니, 철민이와 남우는 이젠 지칠 대로 지친 상태.

그건 원소와 태양이도 마찬가지였다. 2차 테스트를 끝내고 바로 실전 테스트를 볼 거라고 생각했는데, 세월아 네월아 기다리고만 있으니 말이다. 게다가 앞서 치러진 지구 과학 형사와 물리 형사 테스트의 승자는 모두 어린이 형사 학교 아이들. 실제 사건을 수사해 보진 않았다지만 그래도 1년 반이 넘게 과학 수사의 기본을 갈고 닦았을 테니, 그런 아이들과 경쟁한다는 것 자체가 무모한 일이라는 생각까지 들었다.

매사 긍정적인 성격의 태양이는 그래도 괜찮아 보이는데, 걱정이 많은 원소는 자꾸 기가 죽었다.

원소는 원래 '어린이 과학 형사대 CSI' 팬 카페의 회원이었다. 취미가 요리와 탐정 소설 읽기다 보니 자연스레 'CSI' 화학 형사인 요리의 광팬이 되었고, 그동안 열심히 팬 카페 활동을 해 왔다. 요리와 혜성이가 방학 때 귀국한다는 소식을 듣고 공항에도 마중을 나갔으며, 어린이 형사 학교에 온다는 정보에 팬 카페 회원들과 함께 달려와 'CSI'가 다시 활동하게 해 달라고 열심히 외치기도 했다.

그런데 예상과는 달리 'CSI'가 다시 활동하는 것이 아니라 'CSI 2기'를 모집한다는 공고를 보게 되었고, 요리를 가까이에서 볼 수 있을 거라는 단순한 생각에 도전한 것이다.

다행히 'CSI'의 팬이다 보니 평소에 자연스럽게 과학 수사에 관심을 갖게 되었고, 학교 과학 수업 시간에도 열심히 공부한 결과, 1차는 물론 2차까지 통과했는데……. 솔직히 3차 실전 테스트는 자신이 없다. 앞서 도전한 아이들의 패배에서도 확인되었듯이, 어린이 형사 학교 아이들은 너무도 월등한 과학 지식과 실전 감각을 가지고 있었다.

그러니 그만두고 싶은 생각이 하루에도 열두 번씩 드는 것은 당연한 일. 하지만 그것도 쉽지 않다. 'CSI 2기'에 도전한 50명 이상의 팬 카페 회원들 중에 원소 혼자만 2차 시험까지 통과하는 바람에 이미 팬 카페에서 유명 인사가 된 것이다.

하루가 멀다 하고 응원 메시지를 보내 주는 회원들을 봐서라도 끝까지 최선을 다해야 한다.

그나저나 벌써 밤 9시가 넘었기에 오늘도 그냥 지나가려나 보다 했는데, 바로 그때였다. 요리가 휴게실 문을 열고 들어왔다. 순간, 철민이와 원소의 머릿속에 뭔가 번쩍 지나가는 느낌.

'그래, 올 것이 왔구나!'

그리고 예상대로 드디어 'CSI 2기' 화학 형사를 뽑기 위한 3차 실전 테스트가 시작되었다.

화재 원인을 찾아라!

"방금 전에 화재 사건이 들어왔어."

화재 사건? 요리의 말에 철민이가 놀란 표정으로 되물었다.

"화재 사건이오? 아이 참, 난 불난 거 한 번도 못 봤는데! 선배, 다른 거 하면 안 돼요? 네? 제발요."

역시 수선스러운 철민이. 그러나 아무리 그래도 그렇지, 이렇게 물불 못 가리고 떠들면 안 되지. 안 되겠다는 듯 요리가 말을 끊었다.

"그럼 관두든지."

다정다감의 대명사이며 'CSI'의 요정인 이요리가 잔뜩 굳은 표정으로 대답하자, 철민이는 바로 꼬리를 내렸다.

"아, 아니요. 할게요. 할게요."

정말 철민이가 걱정이다. 이렇게 분위기 파악 못하고 수선스러워서야 어디 제대로 된 수사나 할 수 있을까? 다른 선배들도 같은 생각이었다. 네 명의 후배들 중 가장 걱정되는 인물이 바로 리틀 어 형사, 양철민.

아니나 다를까, 시작부터 걱정이다. 하지만 지금은 어린이 형사 학교 선후배 관계를 떠나 어느 쪽으로도 치우치지 말아야 할 때. 요리는 마음을 다잡고 사건에 대해 설명하기 시작했다.

"방금 전 8시 50분쯤 이목동 주택 단지에서 화재 발생 신고가 들어왔어. 곧바로 소방차가 출동해서 9시 20분 현재는 완전히 불이 꺼졌는데, 화재 원인을 수사하는 것이 너희가 할 일이야. 그럼 출동!"

철민이와 원소는 잔뜩 긴장된 마음으로 대기하고 있는 경찰차에 올랐다. 그리고 요리와 함께 현장으로 출동했다. 이목동이라면 학교에서 10분 거리에 있는 동네.

가 보니, 소방차는 이미 화재 진압을 끝내고 돌아가고, 인근 경찰서에서 나온 경찰관 두 명이 현장을 지키고 있었다. 구경하던 동네 사람들도 거의 다 집으로 돌아갔다.

아이들이 현관으로 들어가자 매캐한 연기가 코를 찔렀다. 둘러보니, 실제로 불에 탄 곳은 마루의 절반 정도. 하지만 화재 현장이 그렇듯 온통 시커멓게 그을린 흔적들과 뿌려 놓은 물로 흥건하게 젖어, 말 그대로 화마가 훑고 지나간 처참한 모습이었다.

그래도 다행히 불이 난 지 얼마 안 돼 신고가 들어왔기에 곧바로 소방차가 출동해 불길을 쉽게 잡을 수 있어서 이 정도에 그친 것이리라.

"도둑이 들었던 것 같아."

현장을 지키던 경찰이 안방을 가리키며 말했다. 안방에 가 보니 서랍이고 화장대고 다 열려 있고, 안에 있던 물건들이 바닥에 잔뜩 흩어져 있었다. 그렇다면 도둑이 침입해 집 안을 뒤진 후에 흔적을 없애기 위해 불을 냈단 말인가?

"신고한 분은 누구죠?"

요리가 경찰관에게 묻자, 그는 옆집을 가리키며 대답했다.

"옆집 사는 아주머니."

요리가 둘을 쳐다보았다. 시작하라는 뜻. 철민이가 재빨리 나섰다.

"알았어요. 만나 볼게요."

그래도 눈치는 있네. 철민이가 원소에게 물었다.

"신고한 사람 만나 볼래? 아니면 불이 처음 난 곳 찾아볼래?"

순간, 원소는 고민했다. 기본 상식으로도 화재 원인은 둘 중 하나. 실수로 난 불 아니면 일부러 낸 불, 즉 방화 아니겠는가! 집에는 아무도 없었고 도둑이 왔다 간 흔적이 분명하지만, 그래도 무엇을 이용해 어디에, 어떻게 불을 질렀는지를 알아내기는 쉽지 않을 것. 그렇다면 신고한 사람을 만나는 게 낫겠지. 그래서 원소는 신고한 사람을 만나기로 하고, 철민이는 불이 처음 난 곳을 찾아보기로 했다.

"저녁밥을 먹고 설거지를 하고 있는데, 어디서 타는 냄새가 났어. 그래서 처음엔 우리 집에서 나는 냄새인 줄 알고 깜짝 놀라 살펴봤지. 그런데 아무 이상이 없는 거야. 그래서 밖을 내다봤더니, 옆집 마루 창문에서 연기가 새어 나오더라고. 그래서 곧바로 신고했지."

옆집 아주머니는 몸짓까지 곁들이며 목격한 것을 생생하게 들려주었다. 원소가 물었다.

"그때가 정확히 몇 시쯤이었어요?"

"8시 45분쯤 됐을걸."

"혹시 집주인은 어디 갔는지 아세요?"

"대로 엄마와 아빠는 어제 1박 2일로 양평 별장에 갔고, 대로는 집에 없었나 봐. 그러니 도둑이 들었지."

"대로요?"

"어, 그 집 아들이야. 나대로라고."

그래서 소방차가 오는 것을 보고 옆집 아주머니는 집주인에게 전화를 해 불이 난 사실을 알렸다고 한다.

"바로 온다고 했으니까 조금 있으면 도착할 거야, 아마."

원소는 현장으로 돌아와 조사한 내용을 요리에게 전했다.

"알았어. 그럼 이제 밖에서 들어온 흔적 있나 한번 찾아봐."

요리가 말했다. 밖에서 들어온 흔적이라? 원소는 머릿속에 텔레비전이나 탐정 소설에서 수사관들이 밖에서 들어온 흔적을 찾아보는 장면을 떠올렸다. 그들은 담벼락이나 문, 창문 등에 남은 발자국 하나, 손자국 하나까지도 놓치지 않고 샅샅이 살펴본다. 필요하면 지문 채취도 한다.

처음 해 보는 것이라 그런지 혹시 뭔가 중요한 증거물을 놓칠까봐 자꾸 불안했다. 수선스럽긴 하지만 그래도 나름 형사티를 내는 철민이에 비해 자신의 실력이 떨어진다고 생각하니, 점점 자신감도 없어졌다.

하지만 그렇다고 손 놓고 있을 수는 없지 않은가! 원소는 작은 단서 하나라도 놓칠세라 정말 샅샅이 살폈다. 지문 채취도 했다. 그러나 별다른 흔적은 발견할 수 없었다.

명화, '백호'

한편, 철민이는 집 안을 둘러보며 불이 처음 난 곳을 찾기 시작했다. 여기저기 불에 탄 흔적을 찾아보니, 유독 심하게 탄 흔적이 눈에 띄었다. 바로 소파 밑 카펫. 남아 있는 재의 성분으로 보아 종이를 모아 놓고 태운 것 같은데……. 요리가 다가와 물었다.

"어때?"

"카펫 위에 종이를 모아 놓고 불을 지른 것 같아요. 그런데 한 가지 이상한 점이 있어요."

"이상한 점? 뭔데?"

"잔뜩 뒤진 곳은 안방이잖아요. 그런데 왜 마루에 불을 질렀을까요?"

오, 예리한데! 사실 요리도 그 점이 이상하다고 생각하고 있었다. 도둑이 들어왔고, 그 도둑이 자신의 흔적을 지우기 위해 불을 낸 거라면 당연히 잔뜩 뒤져 놓은 안방이어야 하지 않을까? 그래야 흔적이 없어질 테니 말이다. 그런데 왜 멀쩡한 마루에 불을 질렀을까?

잠시 후, 원소가 지문 채취를 끝내고 집 안으로 들어왔다. 그때였다.

"헉! 뭐, 뭐야!"

한 젊은 남자가 갑자기 뛰어 들어오며 소리를 질렀다. 경찰이 얼른 제지하고 나섰다.

"들어오시면 안 됩니다. 나가세요."

그러자 남자는 정색을 하며 말했다.

"이 집 아들이에요."

아, 그렇군! 나대로라는. 경찰이 물러서자 나대로는 다시 물었다.

"도대체 어떻게 된 일이에요? 누가 불을 질렀어요?"

나대로는 집이 처참하게 불에 탄 것이 믿기지 않는 표정이었다. 약속이 있어 오후에 나갔는데, 조금 전 어머니가 전화를 했다는 것이다. 집에 불이 났으니 빨리 가 보라고. 철민이가 나서며 대답했다.

"정확한 건 좀 더 조사해야겠지만 지금으로선 도둑이 침입한 후 흔적을 없애기 위해 불을 지른 것 같아요. 그러니까 우선 집 안에 없어진 물건이 있는지 좀 찾아봐 주실래요?"

"도둑이라니! 어떻게 이런 일이……."

나대로는 안방으로 가더니, 아직도 믿기지 않는다는 표정으로 여기저기를 살폈다. 그런데 잠시 후.

"아이고, 이게 무슨 일이야!"

여자의 울부짖는 소리가 들렸다. 나가 보니, 집주인 부부가 돌아왔다. 너무도 처참한 집 안 꼴에 둘 다 넋이 나간 표정이었다. 그런데 갑자기 주인아저씨, 즉 나대로의 아버지가 버럭 소리를 질렀다.

"야! 내가 집 똑바로 보라고 했지! 또 어딜 싸돌아다니다가!"

철썩! 누가 말릴 새도 없이 냅다 나대로의 뺨을 때리는 주인아저씨. 아무리 집 안 꼴이 끔찍해도 그렇지, 경찰도 있고 나이 어린 형사들도 보는데 다 큰 아들한테 손찌검을 하다니! 아이들은 좀 심하다는 생각이 들었다. 나대로도 억울한 듯 지지 않고 대들었다.

"내가 도둑 들 줄 알았어요? 아버지는 왜 만날 내 탓만 하세요, 네?"

그러자 주인아주머니가 얼른 말리고 나섰다.

"아유, 왜 애꿎은 애한테 그래요?"

그러면서 아이들과 경찰을 보며 참으라는 눈짓을 보냈다.

아무래도 주인아저씨가 꽤 다혈질이고 나대로와는 사이가 그리 좋지 않은 것 같았다. 그런데 그보다 더 끔찍한 일은 바로 그 다음에 벌어졌다. 주인아저씨가 갑자기 놀라 주저앉으며 소리를 지른 것이다.

"헉! 그, 그림이!"

모두의 눈이 쏠린 곳은 바로 마루 소파 위에 걸린 커다란 그림. 곧이어 주인아주머니도 주저앉으며 탄식했다.

"어머나, 이를 어째! 이게 얼마짜린데!"

불에 타지는 않았으나 그을음이 온통 시커멓게 덮인 그림. 형태도 색도 알아볼 수가 없게 되어 버렸는데, 꽤 비싼 그림인가 보다.

들어 보니, 이 그림은 우리나라 서양화가 중 세 손가락 안에 꼽힌다

는 화가 위대한의 1950년 작, '백호'. 그림 가격만 따져도 1억 원은 족히 넘는데다가, 호랑이 그림을 많이 그린 위대한의 작품 중에서도 백호를 그린 것은 딱 한 점, 바로 이 그림뿐이라니, 그 가치는 돈으로 환산할 수 없는 어마어마한 것이다. 그런데 멋지고 용맹스러운 흰 털을 자랑해야 할 백호가 그을음으로 시커멓게 변했으니, 이를 어쩐단 말인가!

"집이야 다시 수리하면 되지만 이 그림은 다시 살 수도 없어요."

게다가 이 작품은 다음 주면 국립 미술관에 기증할 예정이었단다.

"솔직히 아버님께서 물려주신 유품인 데다 돈 생각하면 많이 망설여지기도 했지만, 그래도 이렇게 훌륭한 작품을 우리만 보는 것이 너무 미안해서 큰맘 먹은 건데……."

주인아저씨는 더 이상 말을 잇지 못했다. 들을수록 정말 안타까운 사연이다. 하지만 이미 시커멓게 그을린 그림을 어쩐단 말인가.

도둑을 찾아라!

"일단 목격자 더 찾아보고 잃어버린 물건, 장물로 나왔는지 찾아봐."

지금 이 상황에서 아이들이 할 수 있는 일은 바로 도둑 잡는 일. 요리는 원소와 철민이에게 명령을 내리고 먼저 학교로 돌아와 원소가 채취한 지문의 감식을 의뢰했다. 그리고 철민이와 원소는 이웃집을 일일이 찾아다니며 수상한 사람을 봤는지 물었다.

그런데 생각보다 일찍 소득이 있었다. 사건 현장 옆의 옆집에서였다.

"아침에 나갔다 오고 오후 내내 집에 있어서 잘 모르겠다."

주인아주머니는 고개를 갸우뚱했다. 그때 누군가의 목소리가 들렸다.

"불난 시간이 몇 시야?"

소리 나는 쪽을 보니, 중학생쯤 되어 보이는 학생이었다. 이 집 아들이라고 했다.

"밤 8시 50분쯤 신고가 들어왔어요. 혹시 뭐 보신 거 있어요?"

원소가 묻자 아들은 고개를 갸우뚱하며 대답했다.

"연관이 있을지는 모르겠는데, 내가 8시 35분쯤 학원 가려고 나가는데 그 집에서 한 남자가 나오더라고."

"정말요?"

철민이와 원소가 깜짝 놀라 동시에 물었다.

"어떻게 생겼어요?"

철민이가 다시 물었다.

"옆모습만 봤어. 키는 170센티미터 정도 되고 마른 편이었어."

"나이는요?"

원소가 물었다.

"20대 초반? 그리고 위아래로 검은색 옷에 빨간 모자를 쓰고 빨간

운동화를 신고 있었어."

그렇다면 바로 그 사람이 범인일 가능성이 크다. 나대로는 오후 1시쯤 나갔다고 하니, 그 후에 그 집에서 나올 사람이 도둑 말고 또 누가 있겠는가! 이제 그 사람을 찾아야 한다.

"길에 CCTV 달아 놓은 거 없나? 혹시 찍혔을지도 모르잖아."

철민이의 말에 원소는 퍼뜩 떠오르는 것이 있었다. 아까 집 주변을 살펴볼 때 집에서 50미터쯤 떨어진 곳에 CCTV가 있었다.

"있어. 내가 봤어."

의외로 눈썰미 있는 원소. 둘은 곧바로 경찰서로 갔다. 그리고 범행이 일어난 날 오후에 녹화된 CCTV 데이터를 받아서 학교로 돌아왔다.

"지문 감식 결과 나왔는데, 그 집 가족 외에는 별다른 게 없어. 지문들이 살짝 지워진 걸로 봐서 범인은 장갑을 끼고 있었던 거 같아."

요리가 말하자 철민이가 CCTV 데이터를 내밀며 말했다.

"걱정 마세요. 목격자 진술 확보했어요."

아이들은 두근거리는 마음으로 CCTV 데이터를 보았다. 시간을 돌려 8시 35분쯤을 살펴보니, 있다. 역시 옆모습이라 확실하지는 않지만 옷 색깔이나 전체적인 분위기가 아까 들은 그대로다. 아이들은 일단 사진을 출력했다. 생각보다 쉽게 용의자를 찾아서 철민이와 원소는 조금 안심이 되었다. 요리가 물었다.

"이젠 어떻게 할 거지?"

"내일 아침에 장물을 거래할 만한 보석상에 사진 돌리려고요."

철민이의 말에 요리는 자신의 의견을 말했다.

"훔쳐 간 물건이 금반지 두 개랑 진주 목걸이라니까 동네 보석상에서 처리할 수도 있어. 벌써 처리했을 수도 있고."

원소의 생각도 같았다. 주인아주머니로부터 잃어버린 귀중품 목록을 듣고 원소는 황당했다. 아무리 돈이 궁해도 그렇지, 겨우 금반지 두 개랑 진주 목걸이 훔치려고 그 난리를 치고 집에 불까지 질렀단 말인가!

그리고 그 정도 물건이면 오히려 동네 작은 보석상에서 나누어 파는 게 의심을 훨씬 덜 받을 것이다. 하지만 서울 시내 보석상을 다 뒤지고 다닐 수는 없는 일. 원소는 도대체 어디서부터 어떻게 용의자를 찾을지 막막했다. 요리의 말에 철민이도 고개를 끄덕이며 대답했다.

"저도 그렇게 생각해요. 그래도 혹시 모르니까 한번 돌아보려고요."

다음 날 아침, 원소와 철민이는 오전 내내 보석상을 돌아다니며 사진을 돌렸다. 하지만 예상대로 별 소득이 없었다. 그리고 나서 둘은 오후에 다시 사건 현장을 찾았다. 동네 사람들에게도 사진을 보여 주기 위해서. 그런데 동네 입구의 큰 사거리를 막 지날 때였다.

"어, 아들이네."

원소가 가리키는 곳을 보니, 나대로. 둘은 인사라도 하려고 다가갔다. 그런데 나대로가 길가에 세워진 차로 다가가자 운전석에서 누군가 내려 차 열쇠를 건네주는데, 가만! 어디서 많이 본 듯한 인상. 누구지?

"어, 저, 저 사람은!"

그렇다. 바로 CCTV 속의 그 남자다! 모자 쓴 옆모습이 너무도 똑같다. 가만, 그럼 이게 어떻게 된 일인가. 어떻게 절도 용의자가 나대로와 함께 있단 말인가! 둘은 저도 모르게 얼른 다른 차 뒤로 몸을 숨겼다. 이상하다 생각하며 살피고 있는데, 잠시 후 그대로 출발하는 차.

아이들도 재빨리 택시를 잡아타고 나대로를 따라가기 시작했다. 그렇게 30분쯤 달렸을까? 차는 거기동의 한 보석상에 멈췄다. 아이들도 따라 내렸다. 그리고 들키지 않게 안을 살피며 사진을 찍기 시작했다.

용의자가 점퍼 안주머니에서 작은 주머니 하나를 꺼냈다. 보석상 주인이 열어 안의 물건을 꺼내는데, 맞다! 진주 목걸이랑 금반지다.

이어서 나대로와 용의자는 주인과 흥정을 하더니, 금세 돈을 받아서 나왔다. 그렇다면 나대로와 용의자는 공범이란 말인가! 도대체 나대로는 왜? 왜 자기 집을 털고, 불까지 질렀을까?

범인은 나대로?

곧바로 요리에게 전화를 걸어 상황을 보고하자, 요리가 명령했다.
"계속 추적해. 그쪽으로 경찰 보낼게."
그리고 잠시 후, 보석상을 나와 대낮부터 술집으로 들어간 나대로와 용의자는 경찰에 체포되었다.
먼저 CCTV에 찍힌 용의자부터 심문했다. 이름은 강남만. 나대로의 친구라는데, 처음엔 절대 안 했다고 딱 잡아떼더니, CCTV 데이터와 보석상에서 찍은 사진들을 들이밀자 황당한 자백을 했다.
"대로가 빚을 좀 많이 졌어요. 그래서 돈이 필요해서……. 난 대로가 시키는 대로만 한 거예요. 심부름하고 수고비 받기로 한 거라고요."
뭐? 나대로가 시켰다고? 그게 말이 되나. 무슨 이유이든 어떻게 친구를 시켜 자기 집을 뒤지게 하고, 불까지 지르게 한단 말인가. 철민이가 처음부터 이상하다고 생각했던 것을 물었다.
"그런데 증거를 없애려면 안방에 불을 질러야 되는 거 아닌가요? 왜 마루에 불을 질렀죠?"

"그, 그건……. 그냥 나오다 그런 거야. 다른 이유는 없어."

다른 이유가 없다지만 분명 다른 이유가 있는 눈치. 원소가 물었다.

"나대로 씨의 빚 때문에 그랬다고요? 빚이 얼마나 있는데요?"

"3, 3000만 원……."

뭐, 3000만 원? 많기도 하다. 고등학교를 졸업하고 하는 일 없이 친구들과 어울리던 나대로가 유흥비로 여기저기 빌려 쓴 돈이 3000만 원. 돈을 갚아야 할 때가 되자 방법이 없어 결국 부모님에게 손을 벌렸지만 결과는 뻔했다. 너 같은 것 필요 없으니 당장 나가라는 아버지의 불호령이 떨어진 것. 돈 갚아야 할 시간은 점점 다가오지, 돈 구할 데는 없지, 고민하다가 도둑으로 위장하여 물건을 훔치자고 했다는 것이다.

"그럼 더 이상하네요. 돈 때문이었다면 다른 비싼 것도 많았잖아요. 왜 금반지 두 개랑 진주 목걸이만 훔쳤죠? 진짜 이유가 뭐예요?"

원소의 날카로운 질문에 우물쭈물 대답을 못하는 강남만.

나대로는 더했다. 경찰서에 오는 동안에는 죄 없는 사람을 왜 잡아가느냐는 둥, 명예 훼손으로 고발하겠다는 둥 난리를 치더니, 증거물을 보자마자 완전 꿀 먹은 벙어리가 되었다.

철민이는 다시 사건 현장에 가 봐야겠다는 생각이 들었다. 아무래도 마루에 불을 지른 또 다른 이유가 있을 것이다. 그걸 찾아야 한다. 철민이는 원소와 함께 사건 현장에 가서 집 안을 다시 꼼꼼히 둘러보고, 강남만의 마음이 되어 마루에 불을 지른 이유를 생각해 보았다.

안방과 불이 나기 시작한 곳 사이의 거리는 5미터 이상. 나오다가 그냥 불을 질렀다는 건 당연히 말도 안 되고, 분명히 거기에 불을 내야만 했던 이유가 있다. 불이 나기 시작한 곳은 카펫. 거기에 불을 질렀으니 불은 점점 카펫 전체와 소파로 번졌을 테고, 그 다음에는?

그런데 순간, 철민이의 눈에 번쩍 띄는 것이 있었으니, 바로 소파 위에 걸린 '백호'. 다행히 옆집 아주머니가 불을 일찍 발견해 그을음이 끼는 정도로 멈춘 것이지, 하마터면 완전 잿더미가 될 뻔했다.

'혹시?'

'백호'를 태우려고 일부러 도둑으로 가장하고 불을 지른 것은 아닐까? 그렇다면 왜 그 비싼 그림을 태우려고 했을까? 빚 독촉에 그렇게 시달렸으면 차라리 저 그림을 팔아서…….

'가만, 팔아서? 그래, 바로 그거야!'

어제 주인아저씨가 그랬다. '백호'를 국립 미술관에 기증하려고 했다고. 그렇다면 빚을 갚기 위해 나대로가 그 그림을 훔치고, 그걸 들키지 않기 위해 도둑으로 위장하고 불을 질렀다?

"됐어. 가자!"

철민이의 말에 원소는 어리둥절했다. 소파 앞에서 한참을 생각하더니 갑자기 가자는 것이 뭔가 알아낸 듯했다. 하지만 원소는 묻지 않았다. 괜히 자존심이 상했기 때문이다. 자신이 더 부족하다고 생각은 했지만 그래도 열심히 했다. 그런데 용의자가 왜 안방이 아닌 마루에 불을 질렀는지는 아무리 생각해도 모르겠다.

철민이와 원소는 학교에 돌아오자마자 강남만에게 갔다. 요리와 정 형사도 다시 들어왔다. 철민이가 강남만에게 말했다.

"그림. 위대한 화가의 '백호'를 태우기 위해서 그런 거죠?"

순간, 깜짝 놀라는 강남만. 원소, 요리, 정 형사도 깜짝 놀랐다. 이게 무슨 말인가! 왜 그 비싼 그림을 태우려고 도둑질을 하고 집에 불을 질렀단 말인가. 철민이가 말을 계속했다.

"나대로는 빚에 시달리다 아버지가 돈을 주지 않자, 그림을 팔기로 했어요. 문제는 아버지가 그 사실을 알면 안 된다는 것이었죠. 어떻게 하면 아버지 몰래 그림을 팔 수 있을까 궁리하던 중, 도둑이 침입한 것으로 꾸미고 집에 불을 내서 그림이 불에 탄 것으로 위장하기로 한 거죠. 그런데 불이 생각보다 빨리 발견되는 바람에 그림은 불에 타지 않았어요. 그래도 그을음이 잔뜩 끼어 알아볼 수 없으니, 불행 중 다행이라고 생각했겠죠? 왜냐하면 그 그림은 가짜니까요!"

이럴 수가. 정말 그 그림이 진품이 아니라 가짜란 말인가! 철민이의 날카로운 추리에 강남만은 더 이상 버티지 못하고 자백하기 시작했다.

"그래, 네 말이 맞아. 그 그림은 가짜야. 대로는 아버지가 그 그림을 국립 미술관에 기증한다니까 화가 났어. 아들은 돈 때문에 죽을지도 모르는데, 어떻게 그 비싼 그림을 공짜로 기증하느냐는 거지."

그래서 그 그림을 가져다가 저당 잡히고 돈을 구하기로 마음먹은 나대로. 마침 부모님이 여행을 떠난 틈을 타서 진품을 가져가고 가짜 그림을 걸어 놓기로 했다는 것이다. 그런데 그림을 걸어 놓고 보니, 아버지가 가짜 그림을 금방 알아볼 것은 당연한 일이었다.

"그래서 도둑이 든 것처럼 꾸미고, 불을 지르기로 한 거야."

철민이의 추리가 정확히 맞았다. 정말 대단하다. 원소는 깜짝 놀랐다. 어린이 형사 학교 학생이니 당연히 실력은 있겠지 했지만 워낙 시끄러운 아이라 맹탕이 아닐까 생각했다. 그런데 이렇게 논리적이고 정확한 추리를 해내다니! 정말 다르구나 싶었다.

그나저나 어떻게 이런 일이 있을 수 있단 말인가. 아무리 놀기만 좋아하는 망나니라 해도 그렇지, 어떻게 친구를 시켜 자기 집을 털고 불까지 지르도록 시킬 수 있단 말인가.

그러나 나대로는 강남만의 진술에도 딱 잡아뗐다.

"말도 안 돼요. 그림을 바꿔치기 하다니! 난 그 그림이 그렇게 비싼지도 몰랐어요. 돈이 필요한데 절대 안 준다고 하셔서 도둑질을 한 건 인정해요. 하지만 가짜 그림은 절대 아니에요. 정말이에요."

뭐야! 다 된 죽에 코 빠졌다고, 다 해결된 줄 알고 좋아했는데 딱 잡아떼? 어쩐지 일이 너무 쉽게 풀리더라.

"이렇게 되면 그 그림이 진짜인지 가짜인지를 가려내야 결론이 나겠군. 그런데 어쩌지? 그을음 때문에 알아볼 수가 없으니."

요리의 말에 철민이는 의기양양하게 대답했다.

"그림을 복원하면 되잖아요."

명화를 복원하라!

그림을 복원한다고? 그걸 누가 모르나? 방법이 없어서 그렇지.

"그래. 벤젠이나 알코올을 쓰면 그림에 묻은 그을음을 벗겨 낼 수는 있어. 하지만 그러다 오히려 그림을 망치는 경우가 흔히 일어나지. 오래된 그림은 조그만 자극에도 물감이 부스러지는 데다, 캔버스 천이 부풀거나 색이 번질 우려가 있거든."

요리가 말했다. 한마디로 빈대 잡으려고 초가삼간 태우는 격이 될 수도 있다는 말. 철민이는 다시 말했다.

"산소를 써서 산화시키면 돼요."

"산화?"

요리와 원소, 그리고 정 형사까지 동시에 물었다.

"네. 물질이 산소와 결합하는 화학적인 반응은 좁은 의미의 '산화 반응'이잖아요. 불이 나는 것, 즉 탄소가 산소와 빠르게 결합해서 열과 빛을 내며 타는 연소도 산화 반응의 일종이죠."

그렇다. 그리고 그을음은 연소 과정에서 연기에 섞여 나오는 검은 먼

> **그림을 감정하는 과학적 방법**
>
> 그림이 진품인지 아닌지를 감정하는 데에는 여러 과학적 방법이 쓰여. 방사성 탄소 연대 측정을 하면 그림의 액자나 캔버스 틀의 나무가 얼마나 오래된 것인지 밝혀낼 수 있어. X선 형광 분석기를 쓰면 작품을 훼손하지 않고도 안료(색이 있고 녹지 않는 고운 가루)의 금속 성분에 대한 데이터를 얻을 수 있어서 그 당시 썼던 안료인지 확인할 수 있지. 또, 적외선 분광기를 쓰면 안료를 캔버스에 붙게 하는 물질의 특성을 파악해 연대 추정의 자료로 쓸 수 있어.

지 가루. 바로 불완전 연소로 인해 생기는 탄소 알갱이다. 그런데 그렇게 생긴 그을음을 산화시켜 없앤다니, 그게 말이 되는 소리인가? 철민이의 말에 원소가 깜짝 놀라며 되물었다.

"그림에 다시 불을 붙이자고?"

이런 황당한. 아예 다 태워 없애려고 그러나? 요리도 정 형사도 철민이의 말이 이해가 안 되었다. 그러나 철민이는 자신만만하게 대답했다.

"아니. 그림에 붙어 있는 그을음은 탄소 알갱이잖아. 그러니까 산소와 결합시키면 일산화탄소나 이산화탄소로 변해 없어질 거 아냐!"

"말은 되는데 그게 정말 가능할까?"

요리가 고개를 갸우뚱하며 물었다.

"네. 어제 찾아봤는데, 미국에서 그림에 산소 총을 쏴서 산화 반응을 일으키는 방법으로 불에 그을린 그림을 복원하는 데 성공했대요."

사실 어젯밤 화재 현장에 다녀온 후, 귀중한 그림이 그렇게 된 것이 못내 마음 아팠던 철민이는 어떻게 하면 그림을 되살릴 수 있을까 하여 책과 인터넷을 밤새 뒤지며 고민에 또 고민을 했다. 그리고 너무도 다행히 NASA(미국 항공 우주국)의 연구 결과를 알게 된 것이다.

맹탕인 줄 알았더니, 은근히 한다면 하는 성격이다. 또 생각보다 아는 것도 많다. 정 형사도 요리도 얼핏 신문에서 본 기억이 났다.

"NASA의 연구원들은 우주 공간을 떠다니면서 우주 왕복선이나 인공위성의 표면을 망가뜨리는 산소 원자 때문에 골치를 앓고 있었대요.

우주선이 떠 있는 높은 곳에서는 자외선에 의해서 산소 분자(O_2)가 산소 원자(O)로 분해되는데, 이 산소 원자가 우주선의 보호막을 훼손하기 때문이죠. 그래서 연구원들은 산소 원자의 공격에서 우주선을 보호하는 방법을 연구하다가 생각을 바꿔 본 거예요. 산소 원자는 단단한 우주선의 표면 보호막을 훼손할 수 있을 만큼 활발하게 반응하니까, 이를 다른 용도로 사용할 수도 있지 않을까 하고요."

철민이의 설명에 요리가 말을 받았다.

"그래서 손상된 예술품, 예를 들면 화재로 그을린 그림을 복원하는 데 산소 원자의 분해 능력을 쓸 수 있을 거라고 생각했다는 거지?"

그러자 원소가 다시 의문을 제기했다.

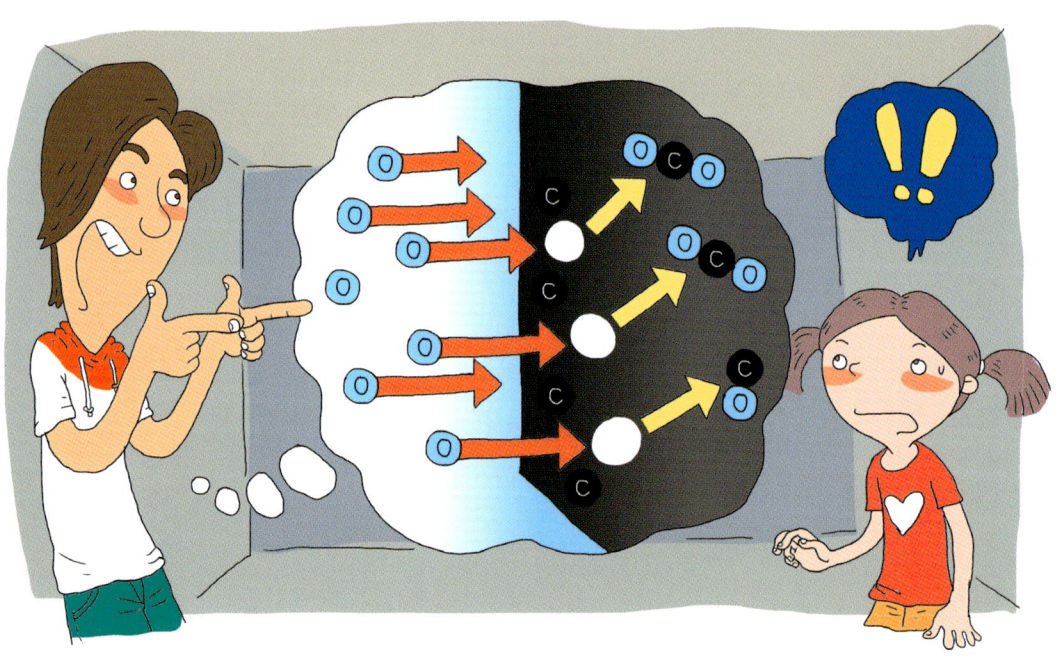

"그러면 혹시 물감에 이상이 생기지 않을까요?"

정 형사가 대신 대답했다.

"그건 걱정 안 해도 돼. 유화 물감은 이미 충분한 수의 산소 원자와 결합된 산화 금속이라 더 이상 산소와 결합하지 않을 테니까."

철민이가 다시 덧붙여 설명했다.

"또, 벤젠이나 알코올 대신 산소 원자를 쓰면 캔버스 천이 부풀어 오르거나 색이 번질 염려가 없어요. 그을음과 산소 원자 사이의 산화 반응은 그림 표면에서만 일어나기 때문에 원래 그림이나 캔버스 천은 아무런 손상을 입지 않아요. 시커멓게 묻은 그을음만 산소 원자와 반응해서 일산화탄소나 이산화탄소가 되어 날아가죠. 마법처럼."

정 형사와 요리는 잠시 의논했다. 지금으로서 나대로의 혐의를 밝힐 방법은 단 하나. 바로 그림이 가짜임을 밝히는 것이다. 이 방법이 성공했을 때 그림이 가짜라는 것이 드러나면 나대로의 혐의를 증명할 확실한 증거가 될 테고, 혹시 예상 밖으로 진품이라 해도 손해날 것은 없다. 훌륭한 작품을 제대로 잘 복원해 내기만 한다면 그보다 더 값진 일이 어디 있겠는가! 정 형사가 말했다.

"좋아. 그럼 우리나라에 전문가 있나 찾아봐."

우주에는 산소가 없다?

우주에는 공기가 없어 숨을 쉴 수가 없고 그러니 당연히 산소도 없다고 생각하지. 하지만 있어. 물론 아주 희박하지. 지구의 공기 중에는 산소가 21%나 차지하지만, 우주에 있는 기체의 90%는 수소이고, 나머지 10%는 산소와 질소, 이산화탄소 등이야. 그러니까 우주에 가서 숨을 쉬려면 산소 호흡기가 꼭 필요하지.

화학 형사는 누구?

철민이와 원소는 전문가를 찾기 시작했다. 그리고 너무도 다행히 국립 과학 기술원 고상해 박사가 이 기술을 갖고 있음을 알아냈다. 둘은 고 박사에게 의뢰하여, 지름 3밀리미터인 산소 총으로 산소 원자를 캔버스 천 한 올 한 올에 쏘아 그림을 복원했다.

3일에 걸친 대 작업이 끝나고 나니, 헉, 이게 뭔가! 그냥 눈으로 봐도 진품 그림과 너무 다르다. 가짜가 분명하다. 명백한 증거가 나왔으니 더 이상 빼도 박도 못할 상황에 이른 나대로. 그는 결국 범행을 자백했다.

"대학도 못 가고 취직도 못하니까 아버지는 날 없는 자식 취급했어요. 인사해도 받지 않고 밥도 같이 안 먹고. 반항심에 집 밖으로 나돌았고, 친구들이랑 몰려다니다 보니 돈이 많이 필요했어요. 내가 잘못한 건 알아요. 하지만 하루가 멀다 하고 사채업자한테 협박 받고 쫓겨서, 이번만 도와주시면 정말 정신 차리고 잘 살겠다고 손이 발이 되도록 빌었는데도 눈 하나 깜짝하지 않더라고요. 그러더니 그 비싼 그림은 공짜로 기증하겠다는 게 말이 돼요? 자식은 다 죽게 생겼는데 한 푼도 아까워하면서! 아버지가 너무 미웠어요. 그래서……. 흑흑흑."

그러자 나대로의 말을 듣던 주인아저씨가 노발대발했다.

"그렇다고 친구를 시켜 도둑질을 하고 집에 불까지 지른다는 게 말이 돼? 말이!"

그러자 주인아주머니가 나대로를 부둥켜안으며 울부짖었다.

"아유, 그만 좀 해요, 그만! 대로야, 다 너 정신 차리라고 그런 거야. 네 힘으로 극복해야 다신 안 그럴 것 같아서. 네가 미워서 그런 건 정말 아니야. 그것만은 믿어 줘, 흑흑흑."

그래도 다행히 나대로는 아직 '백호' 진품을 팔지 않았다. 빚 갚을 돈 3000만 원에 그림을 전당포에 맡긴 상태여서, 주인아저씨는 돈을 주고 다시 그 그림을 찾아왔다. 사건은 그렇게 무사히 해결되었다.

이제는 이번 테스트의 승자를 결정할 시간. 요리가 결과를 발표했다.

"과학 형사가 갖추어야 할 자질은 아주 많죠. 전문 지식은 기본이고, 사고력, 순발력, 체력 등등. 하지만 날로 교묘해지는 범인들의 수법을 따라가려면 고도의 추리력이 필수입니다. 범인의 심정이 되어 사건을 분석하고, 범행 목적과 과정을 추리해야 하죠. 양철민은 사건의 단서를 잘 포착해 범인의 심정과 범행 목적, 그리고 그 과정을 멋지게 추리했어요. 또, 최첨단 과학 기술을 찾아내 중요한 물증을 되살렸습니다. 이번 테스트 결과, 'CSI 2기' 화학 형사는 양철민입니다."

박수가 터져 나왔다. 그렇다. 솔직히 어수선하기만 한 줄 알았던 철민이가 그렇게 명석한 추리를 해낼 줄은 몰랐다. 밤새 자료를 찾을 정도의 끈기와 해박한 지식을 가지고 있는 줄도 몰랐다. 모두 '리틀 어 형사' 철민이를 가장 불안하게 생각했는데, 정말 멋지게 해낸 것이다.

"원소도 긴장 많이 했을 텐데, 차분하게 잘했어. 수고했다."

요리가 원소를 위로했다.

"아니에요. 전 요리 선배님 본 것만도 정말 좋았어요. 그리고 큰 역할을 하진 못했지만 꿈에 그리던 과학 수사를 해 볼 수 있었잖아요."

솔직히 원소는 떨어지고 나니 서운한 마음이 컸다. 하지만 과학 수사가 정말 쉽지 않다는 것을 깨달은 시간이었다. 또, 요리의 팬으로서 마냥 멋지게만 보였던 형사의 일이 얼마나 어려운지도 확실히 알았다.

"요리 선배, 보고 싶을 때 이메일 보내도 되죠?"

원소의 말에 요리는 선뜻 대답했다.

"그럼, 당연하지. 나도 꼭 답장할게."

그렇게 'CSI 2기' 화학 형사를 선정하는 실전 테스트는 철민이의 승리로 끝났다.

 ## 철민이가 들려주는 사건 해결의 열쇠

　빚을 갚기 위해 진짜 그림을 빼돌리고, 가짜 그림을 불탄 것으로 위장한 화재 사건. 그림이 가짜라는 것을 밝혀 사건을 해결할 수 있었던 것은 산소에 대해 잘 알았기 때문이야.

💡 산소란?

　산소는 공기를 구성하는 여러 기체 가운데 약 21%를 차지하는 기체로, 색깔, 냄새, 맛이 없어 그 존재를 느낄 수는 없지만 우리가 살아가는 데 꼭 필요한 기체야.

　사람을 비롯한 모든 생물은 산소를 들이마셔야 살 수 있어. 그래서 깊은 물속이나 아주 높은 산에 올라갈 때, 우주 공간을 다닐 때에는 산소가 든 통을 가져가서 숨을 쉬지. 땅속이나 물속에 사는 생물은 그 속에 녹아 있는

산소통

산소 발생 장치

산소 용접기

〈산소의 쓰임〉

산소로 숨을 쉬는 거야. 어항 속에 산소 발생 장치를 넣어 주는 것도 물속에 산소를 공급하기 위해서지.

산소는 여러 원소와 결합할 때 많은 열과 빛을 내. 그래서 금속을 붙이거나 자르는 용접에도 쓰이고, 로켓의 추진력을 얻을 때에도 쓰이지.

우리가 흔히 산소라고 말하는 것은 산소 원자(O) 두 개로 이루어진 산소 분자(O_2)야. 산소는 다른 원소들과 결합해서 다양한 물질이 돼. 산소 원자 1개와 수소 원자 2개가 만나면 물(H_2O)이 되고, 산소 원자 2개와 탄소 원자 1개가 만나면 이산화탄소(CO_2)가 되지.

💡 산소와 산화 반응

이렇게 우리 주변 어디에나 있는 산소는 물질과 만나면 여러 가지 화학적 반응을 강하게 일으키는데, 이러한 반응을 좁은 의미에서 '산화 반응'이라고 해. 철에 녹이 스는 것도 철이 산소와 만나 산화 반응을 일으켰기 때문이고, 껍질을 벗겨 놓은 사과나 감자가 갈색으로 변하는 현상도 사과나 감자에 있는 효소가 산소와 만나 일으키는 산화 반응이지.

녹이 슨 못

갈색으로 변한 사과

〈산화 반응의 예〉

산화 반응은 우리 몸속에서도 일어나. 우리가 먹은 음식물을 소화할 때 산소와 음식물이 결합해서 에너지를 만드는 작용도 산화 반응이라고 할 수 있지. 또, 숨을 쉴 때 산소가 폐를 통해 몸속의 세포로 들어가 에너지를 만드는 작용도 산화 반응이야.

그리고 물질에 포함된 탄소가 산소와 빠르게 결합해 열과 빛을 내며 타서 이산화탄소와 물을 만드는 것을 '연소'라고 하는데, 이러한 연소도 산화 반응 가운데 하나지.

산소에 대한 놀라운 발견

산소는 놀라울 정도로 화학 반응을 활발하게 일으켜. 이런 성질은 때론 필요하기도 하지만, 문제가 되는 경우도 많이 있지.

특히 우주 과학자들에게 산소는 큰 골칫거리 가운데 하나야. 태양의 자외선에 의해 산소 분자가 쪼개져 생긴 산소 원자가 우주선이나 인공위성의 표면과 산화 반응을 일으켜 표면을 자꾸 훼손시키거든.

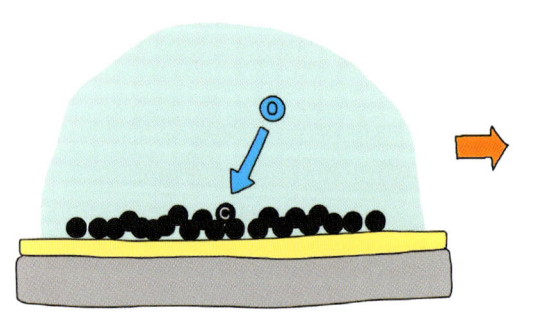

그림 표면에 있는 탄소 원자에 산소 원자를 쏜다.

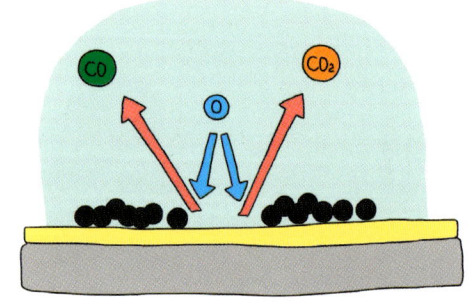

탄소 원자가 산소 원자와 결합해 일산화탄소나 이산화탄소가 되어 날아간다.

〈산소를 이용한 그림 복원〉

그래서 NASA의 한 연구진은 산소 원자로부터 우주선의 표면을 보호하는 방법에 대해 연구하던 중 깜짝 놀랄 만한 생각을 했지. 이러한 산소의 성질을 거꾸로 불에 그을린 그림을 원래대로 되돌리는 데 이용해 보자고 제안했어. 화재로 인해 그을음, 즉 탄소 원자로 뒤덮인 그림에 산소 원자를 쏴서 산화 반응을 일으키면, 탄소 원자가 산소 원자와 결합해 일산화탄소나 이산화탄소가 되어 날아가면서 그을음이 없어질 수 있다는 것이었지.

결국 NASA의 연구진은 화재로 시커멓게 그을린 1800년대 유화 두 점을 캔버스 천 한 올 한 올에 산소 원자 총을 쏴서 복원하는 데 성공했어. 또, 미국의 유명한 화가 앤디 워홀의 '욕조'라는 작품에 관람객이 남기고 간 빨간 립스틱 자국을 지우는 데에도 성공했지.

캔버스에 묻은 유화 물감은 이미 산소와 충분히 결합한 산화 금속이기 때문에 산소 원자와는 더 이상 결합하지 않아. 따라서 원작은 그대로 살리고 그을음이나 립스틱 자국만 지울 수 있었던 거지.

그러니까 생각해 봐. 화재로 인해 그을음이 잔뜩 낀 그림. 그 그림이 진짜인지 가짜인지를 확인하기 위해서는 그을음, 즉 탄소 입자를 벗겨 내는 방법밖에 없었지. 그림은 그대로 살리면서 말이야. 결국 그림에 일일이 산소 원자 총을 쏴서 그을음과 산소 원자가 결합해 날아가게 해서 그림을 되살려 냈고, 그 그림이 가짜임을 밝혀낸 거지. 어때, 이젠 알겠지?

핵심 과학 원리 | 삼투 현상

죽음을 부르는 다이어트

"이름은 한아름, 25세. 어제 오후 자신의 방 침대 밑에 쓰러져 있는 것을 어머니가 발견해서 119에 신고했는데, 구조 요원이 도착했을 때에는 이미 숨을 거둔 상태였대."

새로운 태양이 뜨다

♬햇볕은 쨍쨍 모래알은 반짝♬.

어릴 때 불렀던 노랫말처럼 며칠째 불볕더위가 기승을 부리니, 마지막 테스트를 기다리는 생물 형사 지원자 남우와 태양이는 더위에 지치고, 기다리다 지쳤다.

그나마 태양이는 처음 해 보는 기숙사 생활이 나름 재미있어 다행이었다. 그도 그럴 것이 훤칠한 키에 날렵한 체격, 호감 가는 얼굴, 한마디로 볼수록 훈훈해지는 훈남이니, 순식간에 기숙사 최고의 인기남으로 등극하게 된 것이다.

게다가 어찌나 싹싹하고 살갑게 구는지 선생님들은 물론이고 수위 아저씨, 청소하는 아주머니, 식당 아주머니까지 순식간에 팬클럽으로 만들어 어딜 가나 환영 받았다. 그러니 기숙사 생활이 재미있을 수밖에!

'CSI' 얼짱인 혜성이의 졸업 이후, 새롭게 떠오르는 태양이라고나 할까? 정말 이름하고 딱 어울리는 아이였다.

그러나 아무리 그래도 기다리는 동안이 마냥 즐거운 시간만은 아니었을 터. 지금까지 세 명의 형사를 뽑는 테스트에서 결국 어린이 형사 학교 아이들이 모두 승리하여 'CSI 2기' 형사가 되는 영광을 차지했다. 그러다 보니, 암암리에 이번에도 당연히 남우가 되겠지 하는 생각이 퍼진 상황. 거기에 이미 테스트에서 승리한 별이, 수리, 철민이까지 은근히

남우를 응원하는 분위기라 태양이는 충분히 기가 눌릴 만했다.

하지만 겉으로는 너무도 즐겁고 행복한 표정의 태양이. 정말 신경을 안 쓰는 것인지, 아니면 안 쓰는 척하는 것인지 구별이 안 될 정도였다.

오히려 걱정에 빠진 아이는 남우였다. 부잣집에서 곱게 자라 아이처럼 순진한 면과 따뜻한 마음을 지녔지만, 그만큼 마음도 약하고 작은 일에도 쉽게 상처받는 스타일이다. 그래서 같이 공부하던 세 명이 테스트를 통과했다는 사실이 남우에게는 오히려 더 큰 부담으로 느껴졌다.

게다가 평소 달곰이를 친형처럼 따르며 많이 의지했는데, 이번 심사를 달곰이가 맡게 되면서 혹시나 공정한 심사에 누가 될까 하여 전화도 못하고, 그러다 보니 자꾸 불안한 마음이 더해졌다.

그건 달곰이도 마찬가지였다. 친동생 같은 남우의 심사를 직접 맡는 게 부담스러워, 박 교장이 처음 심사를 하라고 했을 때에는 그 자리에서 못하겠다고 했다. 하지만 박 교장은 그러니까 더 공정하게 하라며 극구 심사를 맡겼다. 박 교장이 시키는 일인데 안 할 수도 없고…….

그러니 불안한 표정을 한 남우를 볼 때마다 계속 마음에 걸렸다. 뭐라고 위로라도 하고 용기도 북돋아 주고 싶은데 그러지도 못하고, 달곰이는 속이 탔다. 제발 자신감을 가져야 할 텐데.

여하튼 기다리는 시간만큼 애타는 시간을 보냈던 두 아이에게 드디어 결전의 시간이 왔다. 아침밥을 먹자마자 달곰이가 남우와 태양이를 불렀다. 둘은 긴장된 표정으로 달곰이를 따라갔다. 아침부터 해가 쨍쨍한 것을 보니, 오늘도 어제만큼 더울 것 같다.

 의문의 죽음

"이름은 한아름, 25세. 어제 오후 자신의 방 침대 밑에 쓰러져 있는 것을 어머니가 발견해서 119에 신고했는데, 구조 요원이 도착했을 때에는 이미 숨을 거둔 상태였대. 현장에는 여기저기 구토한 흔적이 있었고. 어머니는 최근에 한아름이 살을 빼기 위해 다이어트 식품을 먹고 있었는데, 그것 때문에 사망한 거라고 주장하고 있어."

달곰이가 사건에 대해 설명했다.

그렇다면 다이어트를 하다가 사망했다는 얘기? 하기야 요즘에는 다이어트 열풍이 워낙 거세 초등학생들까지 다이어트 다이어트 하고, 그러다 혹독한 다이어트로 진짜 죽음에까지 이른 사람들이 가끔씩 나오기도 하니, 그럴 가능성도 있겠지.

아이들은 먼저 사건 현장에 갔다. 시신은 병원으로 옮겨진 후였고, 여기저기 남은 구토 흔적을 제외하면 특별히 수상한 곳은 보이지 않았다. 남우는 방에 있는 지문과 머리카락 등을 채취했고, 태양이는 밖에서 들어온 흔적이 없는지 살폈다.

그리고 나서 아이들은 한아름의 시신이 있는 병원으로 가서 한아름의 어머니를 만났다. 딸의 갑작스런 죽음에 넋이 나간 듯한 한아름의 어머니. 눈물을 닦으며 기막히다는 듯 말했다.

"우리 아름이가 뚱뚱하긴 했지만 평소에 아주 건강했거든. 그런데 의사 말로는 뇌부종으로 사망한 것으로 추정된다는 거야. 갑자기 뇌가 왜 부어? 그게 말이 되냐고."

"다이어트 식품을 먹었다고 하던데요?"

달곰이가 물었다.

"그래, 그게 바로 내 딸을 죽인 거야. 건강하던 내 딸을 하루아침에 죽인 거라고. 흑흑흑."

이야기를 들어 보니, 한아름은 사망하기 30분쯤 전에 밖에 있던 어머니에게 전화를 걸어 갑자기 머리가 어지럽고 구토가 난다면서 약을 사 오라고 했단다.

"먹은 것도 없을 텐데 뭐에 체했나 하면서 소화제를 사 가지고 들어갔는데, 벌써 그렇게 되어 있더라고. 기가 막혀서……."

한아름은 작년에 대학을 졸업하고 취업을 준비했는데, 꽤 좋은 대학을 훌륭한 성적으로 졸업했음에도 면접에서 번번이 떨어졌단다. 그러다 보니 그 이유가 자신이 뚱뚱해서라고 생각해, 지난주부터 300만 원이 넘는 큰돈을 들여 다이어트 코스를 하고 있었다는데……. 뚱뚱하기는 했지만 건강했던 딸이 다이어트를 하다가 갑자기 죽고 말았으니, 한아름의 어머니는 다이어트 식품이 잘못됐다고 주장하는 것이다.

게다가 사망 전에 전화로 말한 증상으로 봐서는 먹은 게 잘못된 것이 분명하고, 최근 한아름이 먹은 거라고는 다이어트 식품뿐이었단다.

"따님을 마지막으로 보신 건 언제였나요?"

이번에는 남우가 물었다.

"오전 11시쯤 친구랑 점심 약속 있어서 나갈 때였어. 뭐 할 거냐고 했더니, 공부하다가 산에 갔다 온다기에 그러라고 하고 나갔지."

갑자기 뇌부종이 생겼을 리는 없을 텐데, 정말 이상한 일이다.

평소 지병이 있었던 것도 아니고 도대체 이유가 뭘까? 아이들은 한아름을 진찰한 의사를 만났다. 태양이가 의사에게 물었다.

"뇌부종이라면 뇌가 붓는 증상 아닌가요? 그런데 다이어트 식품을 잘못 먹어도 그런 일이 일어날 수 있나요?"

그러자 의사는 고개를 갸우뚱하며 대답했다.

"글쎄, 그건 뭐라고 말할 수 없어. 다이어트 식품에 어떤 성분이 들어갔는지 모르니 말이야."

그렇다면 일단 한아름이 먹었다는 다이어트 식품에 대해 조사해 봐야 할 일이다.

"혹시 다른 원인이 있을지도 모르니까 피해자가 사망하기 전에 뭘 했는지도 추적해 봐."

달곰이가 명령했다. 학교로 돌아온 아이들은 먼저 한아름이 먹었다는 다이어트 식품부터 알아보기로 했다. 다이어트 식품의 이름은 '에스라인'. (주)날씨니에서 수입하여 인터넷을 통해서만 판매되고 있었다. 미국 최고의 인기 다이어트 프로그램이라며 국내 유명 연예인을 앞세워 선전을 하고, '2주 23킬로그램 감량 보장, 최고 대학교 식품 연구소 임상 실험 입증' 등의 화려한 문구로 소비자를 유혹하고 있었다.

"이 정도면 안전한 제품 아닌가요?"

남우의 말에 달곰이가 말했다.

"진짜 그런지는 확인해 봐야지."

"그럼 일단 최고 대학교에 연락해 볼게요."

남우는 곧바로 최고 대학교 식품 연구소에 전화를 걸어 물어보았다. 그런데 연구원 중 어느 누구도 그런 임상 실험에 대해서는 아는 바가 없었다. 그렇다면 '에스라인'의 광고는 허위, 과장 광고일 가능성이 크다. 따라서 식품에 든 성분에 문제가 있을 수도 있다. 남우가 말했다.

"얼마 전에 신문 기사를 본 적이 있는데, 최근 캐나다산 다이어트 식품에서 시부트라민이 나왔대요. '시부트라민'은 사용이 금지된 약품으로, 중추 신경계를 자극해서 식욕을 줄이는 약품이죠. 잘못하면 고혈압, 가슴 통증, 뇌중풍, 수면 장애 같은 부작용이 생길 수 있대요."

오, 소남우! 살짝 걱정했는데, 실제 수사에 들어가니 꽤 잘하는데.

"그러니까 여기에도 혹시 그런 물질이 들어 있지 않을까요?"

그 말에 달곰이가 고개를 끄덕이며 명령했다.

"그건 분석해 보면 나오겠지. 일단 식품 의약품 안전청에 제품 성분 분석을 의뢰하고, 날씨니 사람들도 한번 만나 봐."

 ## 증거를 찾아라!

"말도 안 돼. 우리 제품을 먹고 사람이 죽다니! 그럴 리가 없어."

예상대로 (주)날씨니의 사장은 펄쩍 뛰었다. 태양이가 물었다.

"허위, 과장 광고 하셨잖아요. 그건 맞죠?"

"그, 그건……. 솔직히 물건 팔려면 과장도 좀 해야 되거든. 우리만 그러는 것도 아니고. 하지만 그렇다고 사람이 먹고 죽을 걸 넣었다는 건 정말 말도 안 돼. 지금까지 그 제품, 5,000개도 넘게 팔렸는데 이상이 있었다는 사람은 한 명도 없었어."

일리 있는 말이다. 하지만 식품이든 약이든 특이 반응을 보이는 사람도 있지 않을까? 사장은 계속 결백을 주장했다.

"솔직히 살을 빼는 데 먹는 제품이니까 영양가가 많다고 할 수는 없겠지. 하지만 몸에 해로운 물질은 없어. 정말이야."

물론 그거야 제품 성분 분석 결과가 나오면 확실하게 밝혀질 것이다. 몹쓸 짓 중에 가장 몹쓸 짓이 바로 사람 먹는 음식에 나쁜 것 넣는 거라는 어른들 말씀이 생각났다. 맞다. 만약 그렇다면, 정말 나쁜 사람이다.

하지만 그동안 다른 사람에게는 별 문제가 없었다니, 분석 결과 몸에 나쁜 물질이 없을 확률도 크다. 그렇다면 또 다른 이유를 찾아봐야 한다. 일단 그날 한아름이 뭘 했는지 추적해 보는 게 순서.

"그날 등산을 갔다고 하니까 일단 산에 가 보자. 혹시 피해자를 본 사람이 있을지도 모르니까."

태양이의 말에 남우는 함께 한아름이 갔다는 산으로 향했다. 평소 운동을 즐겨 하지 않던 한아름. 하지만 일주일 전부터 다이어트에 도전하면서 하루에 한 번씩 꼭 등산을 했단다.

산은 한아름의 집에서 30분 정도 떨어져 있었는데, 그리 높지는 않지만 꽤 가팔랐다. 둘은 산에 오르며 한아름의 사진을 보여 주고 한아름을 본 사람이 있는지 알아보기 시작했는데……. 며칠째 계속되는 불볕더위에, 그것도 한낮에 산에 오르려니 생각보다 힘이 들었다. 게다가 만나는 사람마다 일일이 사진을 내밀며 물으니 속도도 더뎠다.

그래도 둘은 꿋꿋이 산에 올랐다. 그런데 산 중턱쯤 올랐을까? 드디어 한아름을 보았다는 사람을 만났다.

"오후 3시쯤 됐을 거야, 아마. 땀을 뻘뻘 흘리면서 올라가고 있었어. 지난주에도 한 번 본 기억이 나서 인사를 건넸더니, 그 아가씨도 인사를 하더라고."

"혹시 어디 아파 보이지는 않았나요?"

"글쎄? 그건 잘 기억이 안 나. 꽤 덩치가 좋던데. 그래서 그런지 땀을 비 오듯 흘려 윗옷이 다 젖었더라고. 하기야 어제 날씨가 워낙 더웠어야지. 10년 이상 산에 다닌 나도 어제는 힘들었으니까."

땀을 많이 흘렸다? 무더운 날씨에, 그것도 산에 오르다 보면 땀을 흘리는 건 당연한 일. 평소 운동을 열심히 하지도 않았고 꽤 뚱뚱한 편이었으니, 체격이 날씬한 사람보다 훨씬 더 힘들었을 것이다.

솔직히 남우와 태양이도 등산을 즐겨 하는 편이 아니라서 그런지 땀도 많이 나고 목도 많이 말랐다. 이럴 줄 알았으면 물이라도 사서 올라오는 건데, 급한 마음에 무조건 오르기 시작한 것이 후회되었다. 그러나 다행히 10분쯤 더 올라가자 약수터가 하나 나왔다.

"와, 물이다!"

정말 사막에서 오아시스를 발견한 기쁨이라고나 할까? 순서를 기다려 물 한 바가지를 떠서 나누어 마시니 이제 좀 살 것 같았다.

잠시 쉬어 정신이 들자, 둘은 다시 사진을 내밀며 약수터를 지나는 사람마다 묻기 시작했다. 그런데 그렇게 5분쯤 앉아 있다가 다시 정상으로 올라가려고 일어섰을 때였다. 아주머니 세 명이 왁자지껄 수다를 떨며 약수터로 내려왔다. 남우가 먼저 물었다.

"혹시 매일 산에 다니세요?"

"매일은 아니지만 가끔 오지."

한 아주머니가 대답하자, 다른 아주머니가 나서며 말했다.

"아이, 왜 이래! 자기나 그렇지, 난 매일 오잖아."

"아, 그래 맞다. 이 아주머니는 워낙 부지런하셔서 매일, 하루도 안 빼먹고 산에 와."

"하하하하."

먼저 대답한 아주머니가 농담을 하자, 아주머니들 특유의 유쾌하고 왁자지껄한 웃음이 산을 쩌렁쩌렁 울렸다. 남우와 태양이도 따라 웃었다. 태양이가 사진을 내밀며 물었다.

"어제 이 사람 본 적 있으세요?"

왜 더우면 땀이 날까?

사람은 항상 36.5도의 체온을 유지하는 정온 동물이지. 그래서 날씨가 더워 체온이 올라가면 체온을 조절하기 위해 땀을 흘려. 땀은 증발하면서 우리 몸의 열을 빼앗기 때문에 체온을 내려 주거든. 우리 몸은 보통 하루에 250~900mL의 물을 땀과 호흡으로 내보내는데, 운동을 심하게 하거나 날씨가 몹시 더울 땐 그 양이 2~3L나 되지.

매일 산에 온다는 아주머니가 사진을 받아 들었다. 그러고는 잠시 생각하다가 큰 소리로 말했다.

"아, 이 아가씨! 생각난다."

"정말요? 어디서 보셨어요? 몇 시에요?"

남우가 반기며 물었다.

"시간은 정확히 모르겠지만, 아마 3시 반쯤 됐을걸. 여기서 봤지."

"여기서요?"

남우와 태양이가 동시에 물었다.

"그래, 여기 약수터에서. 지금처럼 내려오는 길에 물 한 모금 마시고 있는데, 밑에서 올라왔어. 어찌나 땀을 많이 흘렸던지 옷이 다 젖었

더라고. 목도 많이 탔는지 연거푸 물을 몇 바가지나 마시는데, 하기야 이 무더운 여름날에 긴소매와 긴 바지를 입고 있었으니……."

"긴소매와 긴 바지를요?"

태양이가 물었다.

"그래. 그래서 내가 물었지. 왜 더운데 긴 옷 입었냐고. 그러니 그렇게 땀이 나지 했더니, 다이어트 한다고 하더라고."

그러자 옆에 있던 아주머니가 끼어들며 한마디 했다.

"그거 잘못된 상식이래. 땀이 많이 나야 살이 쫙쫙 빠진다고 생각하는데, 그게 수분이 빠지는 거지 지방이 빠지는 게 아니라는 거지."

"그래도 땀 흘리고 운동하면 살 많이 빠지던데. 옆집 하나 엄마도 땀복 입고 밤마다 뛰더니 살 쫙 빠졌잖아. 지금 얼마나 날씬한데."

"그래? 그 아줌마 엄청 뚱뚱하던데."

"무슨 소리! 지금은 완전 에스 라인이라니까."

"하하하."

잠깐 사이에 아주머니들이 수다 삼매경에 빠져 버리자, 얼른 남우가 끼어들며 물었다.

"어디 아픈 것 같지는 않았어요?"

"아니, 아파 보이진 않던데. 잠깐 앉아 쉬더니, 또다시 물을 마시더라고. 내가 그렇게 목이 마르냐고 했더니, 갈증은 가셨는데 배가 고파서 마신다는 거야. 한마디로 말해서 물로 배를 채운다는 거지."

그러자 수다스러운 아주머니가 또 끼어들었다.

"물로 배 채우는 거, 그건 좀 효과 있대. 밥 먹기 전에 물을 한두 잔 마시면 포만감에 밥을 덜 먹게 된다는 거야. 그래서 나도 해 보려고."

"그래? 그럼 나도 해 볼까? 요즘엔 많이 먹지도 않는데 왜 이렇게 배가 나오는지."

그때였다. 어제 한아름을 봤다는 아주머니가 물었다.

"그런데 그 아가씨는 왜 찾니?"

태양이와 남우는 곤혹스러웠다. 피해자가 죽었다는 말을 하기가 어려웠다. 하지만 거짓말을 할 수도 없어 태양이가 사실대로 말했다.

"뭐라고? 죽었다고?"

"어머나, 어머나! 이게 웬일이래?"

"아니, 어쩌다 그렇게 됐대? 쯧쯧."

깜짝 놀란 아주머니들이 저마다 한마디씩 했다. 남우가 말했다.

"그래서 그 원인을 찾는 중이에요. 도와주셔서 감사합니다."

태양이는 한아름을 봤다는 아주머니에게 전화번호를 물었다. 나중에라도 더 여쭤 볼 게 있을지도 몰라서.

지금까지 모은 정보에 따르면, 한아름은 어제 낮에 이 산에 올랐고, 긴소매와 긴 바지를 입고 있었으며, 땀을 엄청 많이 흘렸다는 것이 전부다. 한 가지를 더 추가하자면 물을 연거푸 많이 마셨다는 것 정도. 어느 하나 그녀의 사망 원인인 뇌부종과 관계될 만한 단서는 없었다.

미궁에 빠진 사건

둘이 별 소득 없이 학교에 돌아왔는데, 달곰이가 둘을 불렀다. 가 보니, 정 형사가 다이어트 식품의 성분 분석 결과를 보여 주며 말했다.

"특별히 문제가 될 것은 없었어. 염려했던 시부트라민도 없고."

그럼 다이어트 식품으로 인한 사망이 아니란 말인가?

"다른 단서는 찾아냈니?"

날카로운 눈, 단호한 말투로 묻는 정 형사. 순간, 남우와 태양이는 기가 확 죽었다. 물론 뭔가 거창한 단서를 찾아 왔다면 괜찮겠지만, 아무 것도 없이 빈손으로 돌아왔으니 말이다. 그래도 분석 결과에서 뭔가 나올 거라고 어느 정도 믿었는데, 꿈은 사라지고 단서가 될 만한 것은 하나도 건지지 못했다.

(주)날씨니에 대한 수사도 결국 허위, 과대 광고로 사장을 불구속 입건하는 것으로 마무리 짓기로 하니, 남우와 태양이는 기운이 쭉 빠졌다. 하루 종일 여기저기 뛰어다녔는데 허무했다.

그런 둘을 보니, 달곰이도 마음이 아팠다. 하루 종일 뭐라도 찾아보려고 이리 뛰고 저리 뛴 것을 알기에 더욱 그랬다. 좀 더 적극적으로 도움을 주고 싶은데 그건 안 될 일. 이러지도 저러지도 못하는 상황이다.

남우는 더 기운이 빠졌다. 그동안 계속 마음을 다잡고 매 순간 나도 할 수 있다는 자신감을 가지려고 노력했다.

그러나 모두 허탕이었다는 생각에 남우는 다시 불안해졌다.

'피해자 어머니 말만 듣고 사건을 해결하려고 한 건 아닐까? 좀 더 많은 가능성을 두고 생각했어야 하는데!'

하지만 태양이를 보니 별로 걱정하는 것 같지 않았다. 뭐든 긍정적으로 생각하고 조급하게 굴지 말자는 것이 태양이의 생활 신조. 아무리 깜깜한 밤이어도 내일이면 다시 새로운 태양이 떠오르지 않던가!

태양이가 'CSI 2기' 형사에 도전한 이유는 자신의 능력을 시험해 보고 싶었기 때문이다. 뭐든 도전하는 걸 좋아해 스포츠면 스포츠, 공부면 공부, 언제나 목표를 정해 놓고 즐기면서 최선을 다하는 스타일.

물론 모두 다 성공했던 것은 절대 아니다. 오히려 성공할 때보다 실패할 때가 더 많았다. 하지만 그러다 보니 실패했을 때 마음을 다독이는 법을 배울 수 있었다.

'다음엔 더 잘할 거야. 나는 나를 믿으니까.'

어디서 이런 긍정의 힘이 나오는지…….

여하튼 별 소득 없이 지나간 하루. 어느새 날은 어둑어둑해지고, 달곰이는 두 아이에게 가서 쉬라고 했다.

숲에 너무 깊숙이 들어가 있으면 눈앞의 나무만 보이지 숲 전체를 볼 수가 없다. 그러다 보면 길을 잃기도 하는 법. 좀 더 넓게 볼 수 있는 곳에 올라 숲 전체를 보아야 길을 찾을 수 있다.

사건 해결도 마찬가지다. 긴장된 마음으로 너무 사건에 몰입하다 보면 꼭 놓치는 부분이 생긴다. 때로는 너무 어렵게 생각하고 접근해 헤매는 경우도 있다. 그럴 땐 쉬면서 다시 한 번 사건을 생각하고 정리할 필요가 있다. 그러다 보면 뭔가 좋은 생각이 떠오르기도 한다.

그런데 정말 다음 날 아침, 남우가 뭔가 생각난 듯 한층 밝은 표정으로 달곰이와 태양이에게 말했다.

"생각해 봤는데요. 혹시 한아름이 살을 더 빼기 위해 어머니 몰래 다른 약 같은 것을 먹지 않았을까요?"

"약?"

달곰이와 태양이가 동시에 물었다.

"네. 다이어트 약 중에서는 먹으면 계속 설사를 해서 살을 빼게 해 주는 것도 있고, 밥맛이 딱 떨어지게 하는 것도 있대요. 물론 몸에는 절대 좋지 않죠."

"그래, 그럼 일단 피해자의 어머니를 만나서 다시 한 번 확인해 보고, 집에도 다시 가 봐. 약을 먹었다면 어딘가에 흔적이 있겠지."

달곰이의 말에 태양이와 남우는 다시 한아름의 어머니를 만났다.

그리고 우선 다이어트 식품의 성분 분석 결과를 전했다. 그러자 한아름의 어머니는 말도 안 된다는 듯 말했다.

"아니, 멀쩡하던 애가 그걸 먹다가 하루아침에 죽었는데, 아무 이상이 없다고? 그게 말이 돼, 말이?"

너무도 안타깝고 기막힌 마음에 한참을 진정하지 못하는 한아름의 어머니. 태양이와 남우는 괜히 죄책감이 들었다. 어떻게 해서든 사망 원인을 밝혀 유족들의 마음이라도 풀어 주고 싶었는데…….

잠시 후, 남우가 조심스럽게 물었다.

"혹시 다른 다이어트 약 같은 걸 먹진 않았을까요?"

"약? 아니야, 그런 건 안 먹었어. 다이어트 시작하겠다고 하면서 그런 거 먹을까 하고 물어보긴 했는데 내가 절대 안 된다고 했지. 그러다 큰일 난다고."

"어머님 몰래 먹었을 수도 있잖아요."

"나 몰래?"

그러자 한아름의 어머니도 살짝 의심스러운 눈초리.

"그래서 일단 좀 찾아보려고요."

아이들은 한아름의 아버지와 함께 집으로 향했다. 그리고 한아름의 방 구석구석뿐 아니라 화장실까지 모조리 뒤졌다. 수상한 약병이나 약봉지가 있는지 살펴봤지만 다이어트에 관련된 약은 어디에도 없었다.

"부검을 해 보면 좀 더 정확한 원인을 알 수 있을지도 모르는데."

남우가 안타까운 마음으로 말하자 태양이가 나섰다.

"피해자 아버지에게 말씀드려 볼까?"

"아마 안 된다고 하실걸?"

남우의 예상대로였다. 태양이가 말을 꺼내기가 무섭게 버럭 화를 내는 한아름의 아버지.

"뭐? 부검? 그건 절대 안 돼. 하나밖에 없는 딸 꽃다운 나이에 죽은 것도 억울한데, 그건 절대로 안 돼."

그럼 이제 어떻게 해야 한단 말인가? 남우는 잔뜩 움츠러드는 기분이 들었다. 혹시나 하고 기대를 가졌건만, 이번에도 틀렸다. 모두의 기대를 한몸에 받다 보니 부담감도 큰 데다 소심한 성격이 한몫 해 심지어 자신이 과연 형사, 그것도 선배들의 뒤를 이어 'CSI 2기' 형사가 될 자격이 있을까 하는 생각까지 들었다. 다른 아이들은 사건을 받자마자 척척 수사를 진행하고, 사건의 단서도 잘 찾아내던데 말이다.

 사망 원인을 밝히다!

둘이 학교로 돌아와 달곰이에게 보고하자, 달곰이는 얼음까지 넣은 시원한 물을 한 잔씩 주며 말했다.

"덥지. 이것부터 마셔. 그리고 너무 급하게 생각하지 마. 다시 처음부터 생각해 보자고. 분명히 어딘가에 단서가 있을 거야."

둘은 답답한 마음에 물을 벌컥벌컥 마셨다. 가슴까지 시원해지는 느낌. 그런데 바로 그때였다. 태양이는 번쩍 생각나는 말이 있었다. 바로 어제, 한아름을 봤다는 아주머니가 한 말씀.

'가만, 그럼 혹시?'

태양이가 벌떡 일어나며 소리쳤다.

"전화 좀 해 봐야겠어요."

"전화? 누구한테?"

갑작스런 행동에 달곰이와 남우가 깜짝 놀라 물었다.

"어제 만난 아주머니요. 남우야, 어제 분명히 그랬지? 한아름이 연거푸 물을 몇 바가지나 마시더라고."

"어, 그, 그랬어."

"그건 짧은 시간에 갑자기 물을 많이 마셨다는 거잖아!"

태양이의 말에 순간, 달곰이는 '아!' 하는 생각이 들었다. 달곰이도 미처 생각하지 못했는데, 태양이가 생각해 낸 것이다. 그러나 남우는 아직 뭔지 알아차리지 못한 듯 다시 물었다.

"그게 왜?"

"물 중독. 물 중독이었을지도 몰라."

순간, 남우도 번쩍. 그래 맞다. 왜 물 중독을 생각하지 못했을까?

"땀을 많이 흘린 상태에서 물을 너무 많이 마시면 핏속에 있는 나트륨의 농도가 갑자기 낮아져. 그러면 뇌가 부어오르는 뇌부종이 나타나고 그로 인해 호흡이 멈춰 사망하게 돼. 그게 '물 중독'이야."

태양이의 말에 달곰이가 고개를 끄덕이며 말했다.

"그래, 바로 삼투 현상 때문이지."

'삼투 현상'이란 두 용액을 분리하는 막을 거쳐 농도가 낮은 쪽에서 높은 쪽으로 용매가 옮겨 가는 현상. 이러한 현상은 우리 몸속에서도 일어난다. 태양이가 말했다.

"맞아요. 몸속의 물은 핏속에 있는 나트륨과 같은 성분의 농도를 유지하는 역할을 하고, 남은 물은 신장을 통해 소변으로 배출되죠. 그런데 많은 양의 물을 한꺼번에 마시면 신장이 이를 제대로 처리하지 못해 핏속에 물이 많아지죠. 그러면 핏속 성분의 농도가 평소와 달리 매우 낮아져요."

남우도 알았다는 듯 덧붙였다.

"결국 평소와 달리 농도가 매우 낮아진 피에서 세포로 물이 이동하는 삼투 현상이 일어나게 되면서 세포가 점점 부어오르는 거지."

"그렇지. 그러면 몸속의 장기가 부어오르기 시작해. 뇌도 마찬가지지. 특히 뇌는 두개골 속에 갇혀 있기 때문에 부어오르면 심한 압박을 받아."

신장이 하는 일은?

신장은 우리 몸을 흐르는 피에서 노폐물을 걸러 주는 거름 장치야. 우리 몸에 쓸모없거나 해를 끼치는 노폐물을 밖으로 내보내고, 쓸모 있는 물질은 다시 피로 되돌아가게 해 주지. 하루에 신장을 지나는 물은 약 150L나 되는데, 그중 99%는 다시 피로 되돌아가고, 1%만 노폐물과 함께 소변이 되어 밖으로 나오지.

달곰이의 말을 태양이가 받았다.

"그래서 두통과 함께 메스꺼움, 구토, 호흡 곤란이 일어나 결국 정신이 혼미해지고 목숨까지 잃을 수 있죠."

그러자 남우는 번쩍 생각나는 것이 있었다.

"맞다! 피해자 어머니가 그러셨잖아. 피해자가 사망하기 30분쯤 전에 전화를 해서 갑자기 머리가 어지럽고 구토가 난다고 했다고."

그렇다. 이제 보니 그건 체하거나 뭔가 잘못 먹어서가 아니라 물 중독에 의한 증상이었던 것이다.

그렇다면 일단 어제 만난 아주머니에게 사실을 확인해야 한다. 태양이가 어제 만났을 때 받은 전화번호로 전화를 걸었다. 아주머니가 전화를 받자, 태양이가 어제 물었던 사실을 확인했다.

"그래, 물을 엄청 마시더라니까."

"어느 정도나 마셨나요?"

"세어 보지 않아서 잘은 모르겠지만 거기 있던 큰 바가지 있지? 그걸로 한 대여섯 번은 마셨을걸."

거기 있던 큰 바가지라면 족히 500밀리리터 정도는 되어 보이던데, 그렇다면 최소 2.5리터에서 3리터 이상을 마셨단 말인가!

"그만큼을 마시는 데 얼만큼 걸렸죠?"

"길어야 한 10분? 그리고 나서 우리가 먼저 일어났으니까 나중에 더 마셨을 수도 있겠지."

그렇다면 태양이의 추리가 맞다! 한아름의 사망 원인은 바로 물 중독일 가능성이 크다.

한아름은 다이어트를 한다고 일주일째 밥을 거의 안 먹고 다이어트 식품만 먹었다. 그러니 기력이 많이 약해졌을 터. 뿐만 아니라 요 며칠 얼마나 더웠는가? 사건이 일어난 날은 낮 최고 기온이 33도 가까이 됐으니, 말 그대로 푹푹 찌는 한증막 같은 날이었다.

그런 날씨에 긴소매와 긴 바지를 입고 가파른 산에 올랐으니, 체력 소모가 많았을 것은 분명한 일. 땀이 비 오듯 흐르고 갈증 또한 아주 심했을 것이다. 결국 한아름은 갈증과 배고픔을 잊기 위해 짧은 시간 동안 너무 많은 물을 마신 것이다.

"집으로 돌아오는 도중에 분명히 메스꺼움을 느꼈을 거야. 몸속 장기들이 부어오르면서 구토도 나고."

결국 어머니가 집에 도착하기 전에 한아름은 정신을 잃고, 사망에 이르게 된 것이다.

남우는 얼마 전 인터넷에서 물 중독에 관한 기사를 본 기억이 났다. 40세의 영국 여성이 물 다이어트를 하다가 사망했다는 내용이었다. 다이어트를 하면서 배고픔을 이기기 위해 엄청난 양의 물을 마셨다가 결국 사망하게 되었다는 것. 또, 미국에서는 물 마시기 대회에 참여한 여성이 사망한 사건도 있었다는데…….

왜 그걸 생각하지 못했을까? 남우는 너무 속이 상했다. 알고 있었으면서도 생각해 내지 못해 더 그랬다. 너무 긴장해서 그랬을까? 아니면 너무 부담이 커서 그랬을까? 하지만 후회해도 이미 소용없는 일. 행운의 여신은 태양이의 편이었다.

생물 형사는 누구?

달곰이와 두 아이가 한아름을 진찰한 의사에게 자신들이 추리한 것을 말하자 의사도 고개를 끄덕였다.

"흔한 일은 아니지만 그 상황이라면 충분히 그럴 가능성이 있지. 하지만 정확한 건 부검을 해 봐야 알 수 있어."

정 형사가 사망 원인이 물 중독에 의한 뇌부종일 가능성이 크다고 하자, 한아름의 부모는 더 이상 할 말을 잃은 듯 보였다. 물을 마시고 죽다니, 그게 말이 되나 싶은 것이다.

결국 정 형사가 한아름의 부모를 설득해 부검을 했다. 그리고 그 결과, 위가 엄청나게 커져 있고 위, 십이지장, 소장 안은 물로 가득 차 있으며, 폐와 뇌 역시 심하게 부어 있음을 확인할 수 있었다. 그래서 한아름의 사망 원인은 물 중독으로 최종 결론이 났다. 이제 어디 가서 하소연할 데도 없고, 꽃다운 나이의 딸을 갑작스레 앞서 보내며 한아름의 부모는 눈물만 하염없이 흘렸다.

사건은 해결되었지만, 아이들은 각각 다른 이유로 착잡했다.

남우는 자신이 떨어졌다고 생각해 풀이 죽었고, 그런 남우를 보자니 달곰이는 마음이 아팠다. 또, 태양이는 괜히 미안한 마음이 들었다.

셋이 수사를 마치고 학교로 돌아오니, 모두 모여 있었다. 사망 원인이 물 중독임을 밝혀냈다는 소식은 벌써 정 형사를 통해 전해 들었지만, 누가 사건 해결에 핵심적인 역할을 했는지는 아직 모르는 상태. 하지만 다들 은근히 남우일 거라고 생각하는 눈치였다.

이제 달곰이가 이틀 동안 보아온 수사 과정을 평가, 3차 실전 테스트의 승자를 발표할 때가 되었다.

"둘 다 잘했습니다."

그렇다. 둘 다 참 열심히 했다. 소심한 성격에 부담감이 더해져 걱정이 많았던 남우도, 겉으로는 그래 보이진 않았지만 속으로는 꽤 긴장했을 태양이도 참 차분하게 잘 해냈다. 달곰이가 말을 이었다.

"그런데 세상에 쉬운 사건은 하나도 없습니다. 많은 우여곡절을 거치고 고생을 해야만 사건을 해결할 수 있죠. 그 과정은 아주 중요합니다. 하지만 형사의 최종 의무는 바로 사건 해결입니다. 물론 소남우, 신태양, 둘 다 아주 잘해 주었습니다. 둘 다 형사로서 갖추어야 할 많은 재능과 장점을 가지고 있죠. 하지만 사건 해결의 열쇠를 찾아낸 사람은 신태양입니다. 그래서 이번 테스트의 승자는 신태양입니다."

모두 깜짝 놀랐다. 남우가 아니라 태양이였단 말인가! 소심하긴 해도 생물 분야에서는 최고의 지식을 자랑하는 소남우다. 그리고 전해 들은

바로는 이틀 동안 잘했다고 하던데……

하지만 행운의 여신은 태양이에게 손을 들어 주었다. 언제 봐도 싱글거리고 느긋한 모습에 무슨 애가 저리 여유를 부리나 싶기도 했는데, 결국 그가 사건 해결의 열쇠를 찾아낸 것이다.

모두의 눈이 남우에게 쏠렸다. 애써 괜찮은 척하는 남우. 하지만 그 속이 어떨지 잘 알기에 모두 아무 말도 할 수 없었다. 그건 박 교장, 어 형사, 정 형사도 마찬가지였다. 'CSI 2기' 형사를 공개 모집하자고 의논할 때부터 충분히 벌어질 수 있다고 생각했던 일. 하지만 앞서 세 명의 형사를 뽑으면서 아닐 수도 있다는 생각이 들기도 했다. 그런데 후배들 가운데 딱 한 명만 떨어지는 가장 우려했던 일이 벌어진 것이다.

우리 남우, 이제 어쩌나 싶었다. 이때, 어 형사가 먼저 분위기를 수습하겠다고 나섰다.

"아이, 뭐, 괜찮아. 그렇지, 소남우?"

괜찮기는 무슨! 오히려 더 썰렁해진 분위기.

"네."

그래도 남우는 애써 괜찮은 표정을 지었다. 하지만 달곰이는 누구보다 남우의 심정을 잘 안다. 테스트를 기다리는 동안, 또 실제 테스트를 치르는 이틀 동안 많이 힘들었을 것이다.

남우가 최선을 다했다는 것도 안다. 하지만 최선을 다했다고 모든 일을 다 이룰 수는 없다. 전혀 예상치 못한 실패를 할 수도 있는 일. 그저 남우가 이번 일로 많이 좌절하거나 자신이 형사에 소질이 없다고 포기하지만 말았으면 한다.

그런데 바로 그때였다. 짝! 짝! 짝! 박수 소리가 들렸다. 박수를 치는 사람은, 남우였다.

"태양이한테 박수 쳐 주셔야죠. 태양아, 축하해!"

역시 착한 남우다. 태양이도 박수를 치며 말했다.

"고마워. 너도 잘했어. 남우에게 박수!"

"와!"

모두 박수를 쳤다. 그리고 그렇게 '어린이 과학 형사대 CSI 2기'를 뽑기 위한 3차 실전 테스트는 끝이 났다.

막상막하의 치열한 경쟁 끝에 탄생한 'CSI 2기' 형사들. 지구 과학 형사 강별, 물리 형사 황수리, 화학 형사 양철민, 생물 형사 신태양. 이들이 바로 그 주인공들이다.

 ## 태양이가 들려주는 사건 해결의 열쇠

다이어트를 하던 젊은 아가씨가 갑자기 사망한 사건. 미궁에 빠진 사망 원인을 찾아 사건을 해결할 수 있었던 것은 바로 삼투 현상과 물 중독에 대해 잘 알았기 때문이야.

💡 삼투 현상이란?

엄마가 배추김치를 담글 때 자세히 봐. 배추를 씻은 다음, 반드시 소금에 절이는 것을 볼 수 있지. 배추를 소금에 절이면 생 배추보다 쭈글쭈글해지고 부드러워져. 배추에 들어 있던 물이 밖으로 빠져나왔기 때문이야.

이런 현상이 바로 '삼투 현상'이지. 삼투 현상은 두 용액 사이의 막을 통해 용매가 용액의 농도가 낮은 곳에서 높은 곳으로 옮겨 가는 것을 말해.

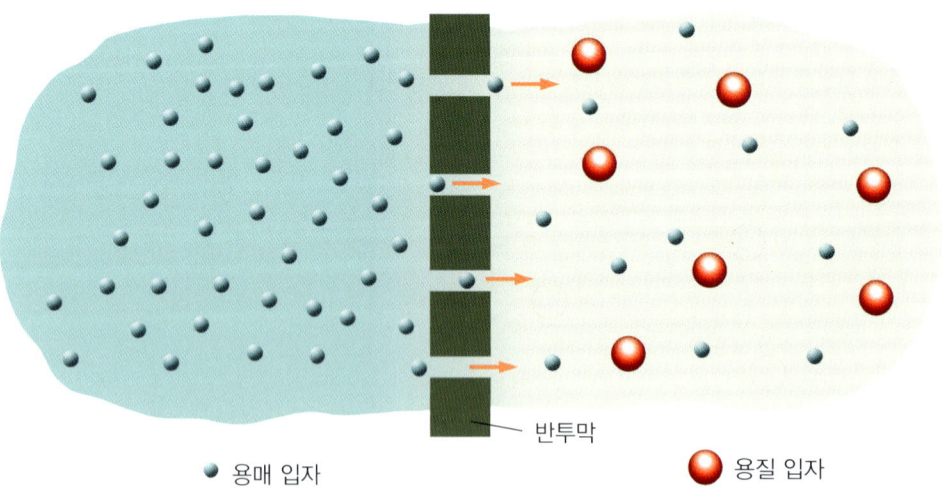

〈삼투 현상〉

배추에 소금을 뿌리면 배추 바깥쪽의 농도가 배추 안쪽의 농도보다 높으니까 배추 안에 있던 물이 배추 밖으로 빠져나오는 거지.

💡 세포와 삼투 현상

이러한 삼투 현상은 생물을 이루는 기본 단위인 세포 안에서도 일어나. 소금물은 용액이야. 소금물에서 물은 용매라고 하고, 물에 녹아 있는 소금은 용질이라고 하지. 그런데 삼투 현상이 일어나려면 용매만 통과시키고 용질은 통과시키지 않는, 즉 선택적으로 입자를 통과시키는 막이 필요해. 그러한 막을 '반투막'이라고 하지. 살아 있는 생물의 세포막은 바로 이러한 반투막이야. 그래서 세포 안에서도 삼투 현상이 일어날 수 있지. 그리고 이 삼투 현상은 세포의 운명을 결정해.

몸속을 흐르는 피와 세포 안에 든 용액은 언제나 일정한 농도를 유지하게 되어 있어.

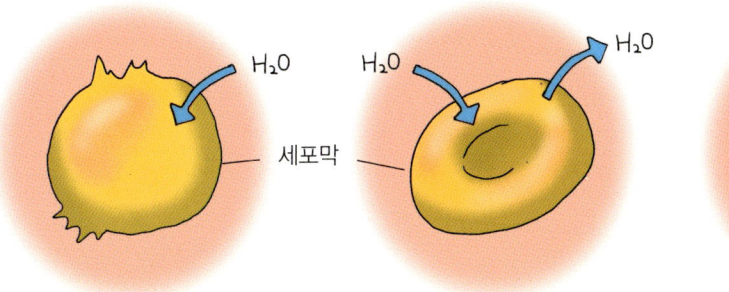

피의 농도가 세포보다 매우 낮을 때에는 세포가 터진다.

세포와 피가 서로 일정한 농도를 유지하는 것이 정상이다.

피의 농도가 세포보다 높을 때에는 세포가 쭈그러든다.

〈동물 세포에서의 삼투 현상〉

그런데 세포를 둘러싼 피의 농도가 낮아지면 삼투 현상으로 인해 핏속의 물이 세포 안으로 들어와. 그래서 동물 세포의 경우 세포 안으로 물이 너무 많이 들어오면 결국 세포가 견디지 못하고 터지고 말아.

반대로 세포를 둘러싼 피의 농도가 높아지면 삼투 현상으로 인해 세포 안의 물이 피로 빠져나가 세포가 쭈그러들어.

💡 물 중독

우리가 마시는 물은 대부분 소변과 땀으로 배출되는데, 몸속에 남은 물은 핏속의 나트륨과 같은 성분들의 농도를 유지시키는 역할을 해.

그런데 물을 한꺼번에 너무 많이 마시면 몸속의 물을 소변으로 내보내는 역할을 하는 신장이 물을 제대로 처리하지 못하게 되면서 핏속에 든 물의 양이 많아지게 되고 피의 농도가 평소와 달리 매우 낮아지지.

그러면 결국 삼투 현상에 의해 세포가 핏속에 든 물을 끌어당겨 부어오르게 돼. 그래서 몸속에 있는 위, 장, 폐 등 각종 장기가 점점 부어오르고, 뇌

도 부어오르는 거야. 특히 뇌는 두개골 속에 갇혀 있기 때문에 부어오를 경우 심한 압박을 받게 돼. 그래서 두통이 느껴지지. 심하면 메스꺼움, 구토, 호흡 곤란이 일어나 목숨이 위태로울 수도 있어. 이러한 증상을 '물 중독'이라고 해.

  물 중독은 물을 마신 직후에 일어날 가능성이 가장 크지만, 장이 물을 흡수하는 속도에 따라 몇 시간 후에 일어날 수도 있어. 전문가들은 짧은 시간 내에 수 리터의 물을 한꺼번에 마시는 것만으로도 위험할 수 있다고 경고하지. 그리고 물을 마실 때에는 하루에 1.5L 정도의 물을 여러 번에 나누어 조금씩 마시는 것이 좋다고 해.

  그렇다면 물 중독은 어떻게 치료할까? 증상이 심각한 데 비해 그 치료나 처방은 간단해. 바로 소변이 나오게 하는 약인 이뇨제나 붓기를 막는 약을 먹는 거지. 그것도 없으면 소금을 한 숟가락 먹는 것도 응급 치료가 돼.

  그러니까 생각해 봐. 다이어트로 체력이 많이 약해진 상태에서 무더운 날 산에 오른 한아름은 극심한 목마름과 배고픔을 해결하기 위해 **짧은 시간 동안 물을 너무 많이 마셨어.** 그 결과 **물 중독으로 인한 뇌부종**으로 사망한 거지. 어때, 이젠 알겠지?

새로운 어린이 과학 형사대 CSI의 눈부신 활약! **12권**에서 펼쳐집니다.

CSI, 함께 놀며 훈련하다!

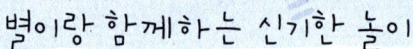

❶ 센 돌을 찾아라!

우리 주변의 돌 중에서 어떤 돌이 가장 셀까? 그건 서로 긁어 보면 알 수 있지. 한번 해 봐.

• 준비물 •

여러 가지 돌

❶ 돌을 두 개씩 서로서로 긁어 본다.

❷ 긁었을 때 상처가 나는 것을 왼쪽, 상처를 내는 것을 오른쪽에 순서대로 놓는다.

돌마다 그 돌을 이루는 광물이 다르기 때문에 단단한 정도도 달라. 그래서 돌끼리 서로 긁어 보면 단단한 돌이 약한 돌을 긁어 상처를 내지. 활석이나 석고 같은 아주 약한 광물은 손톱으로도 긁을 수 있어. 순서대로 놓아 보면 가장 센 돌을 찾을 수 있지.

❷ 내가 만든 굳기계

우리도 모스 굳기계처럼 여러 가지 생활용품을 이용해 나만의 굳기계를 만들어 볼까? 아주 재미있어.

손톱의 굳기는 2.5, 동전은 약 3.5, 쇠못은 4.5, 유리는 5.5, 쇠줄은 6.5 야. 그래서 손톱으로 그으면 굳기 2인 석고만 흠이 나고, 쇠못으로 그으면 석고와 동전에 흠이 나. 쇠줄로 문지르면 석고, 동전, 쇠못, 유리에 흠이 나. 그래서 나만의 굳기계는 석고, 손톱, 동전, 쇠못, 유리, 쇠줄의 순서가 돼.

수리랑 함께하는 신기한 놀이

❶ 그림자 만들기

세상의 모든 물건들이 그림자를 만들지는 않아. 그럼 어떤 물건들이 그림자를 만들까?

• 준비물 •

물을 채운 유리컵 기름종이 인형
머그잔 손전등

❶ 흰 벽 앞에 물건들을 순서대로 놓는다.

❷ 불을 끈 다음, 손전등을 켜고 비춰 본다.

어때? 물을 채운 유리컵과 기름종이는 그림자가 거의 생기지 않지만 인형이랑 머그잔은 진한 그림자를 만들지. 두 종류의 차이점은 뭘까? 유리컵과 기름종이는 투명한 물체이고, 인형과 머그잔은 불투명한 물체야. 그러니까 빛이 불투명한 물체를 통과하지 못해서 그림자가 생기는 거야.

❷ 무서운 그림자 괴물

무서운 그림자 괴물을 만들어 볼까? 내 맘대로 크기를 조절할 수 있는 재미있는 괴물이지.

• 준비물 •
두꺼운 도화지   빨대   셀로판테이프
펜   가위   스탠드

❶ 두꺼운 도화지에 괴물 모양을 그려 오린다.

❷ 빨대를 괴물 뒷면에 붙여 손잡이를 만든다.

❸ 흰 벽 앞 1m쯤 되는 곳에 스탠드를 켜고, 괴물을 스탠드에 가깝거나 멀리 한다.

더 크고 더 무서운 그림자 괴물을 만들려면 어떻게 해야 할까? 물체는 광원에 가까이 갈수록 불빛을 더 많이 가리거든. 그래서 더 큰 그림자를 만들어. 그러니까 괴물을 스탠드에 더 가까이 가져갈수록 더 큰 괴물이 만들어지겠지. 어때, 재미있지?

철민이랑 함께하는 신기한 놀이

① 사과 색깔이 변하는 이유는?

깎아 놓은 사과의 색깔이 갈색으로 변하는 이유는 뭘까? 간단한 실험으로 알아볼 수 있어.

• 준비물 •

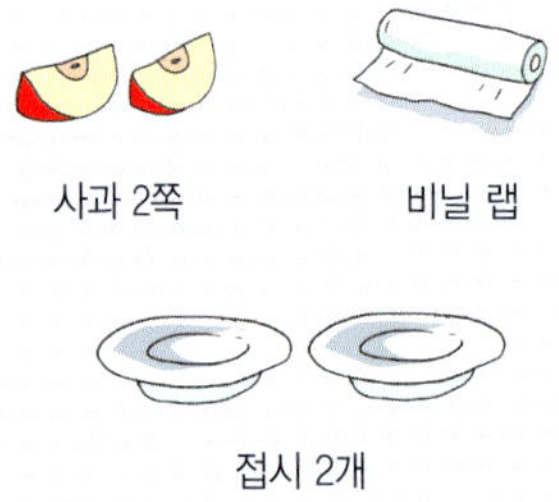

사과 2쪽   비닐 랩

접시 2개

❶ 사과 한 쪽은 접시에 담아 공기 중에 놓아둔다.

❷ 다른 한 쪽은 비닐 랩으로 꽁꽁 싸서 놓아둔다.

❸ 반나절쯤 지난 다음 변화를 살펴본다.

어때? 공기 중에 놔둔 사과는 갈색으로 변하고, 비닐 랩으로 싸서 산소의 접촉을 막은 사과는 비교적 제 색깔을 유지하는 것을 볼 수 있지. 사과가 갈색으로 변하는 것은 사과 표면의 효소가 산소를 만나 일으키는 산화 반응 때문이야. 산소를 차단하면 그만큼 산화 반응을 줄일 수 있어.

❷ 녹슬지 않는 못

쇠못이 녹스는 이유는 무엇 때문일까? 특히 물에 닿으면 더 쉽게 녹이 슬던데, 그 이유를 알아볼까?

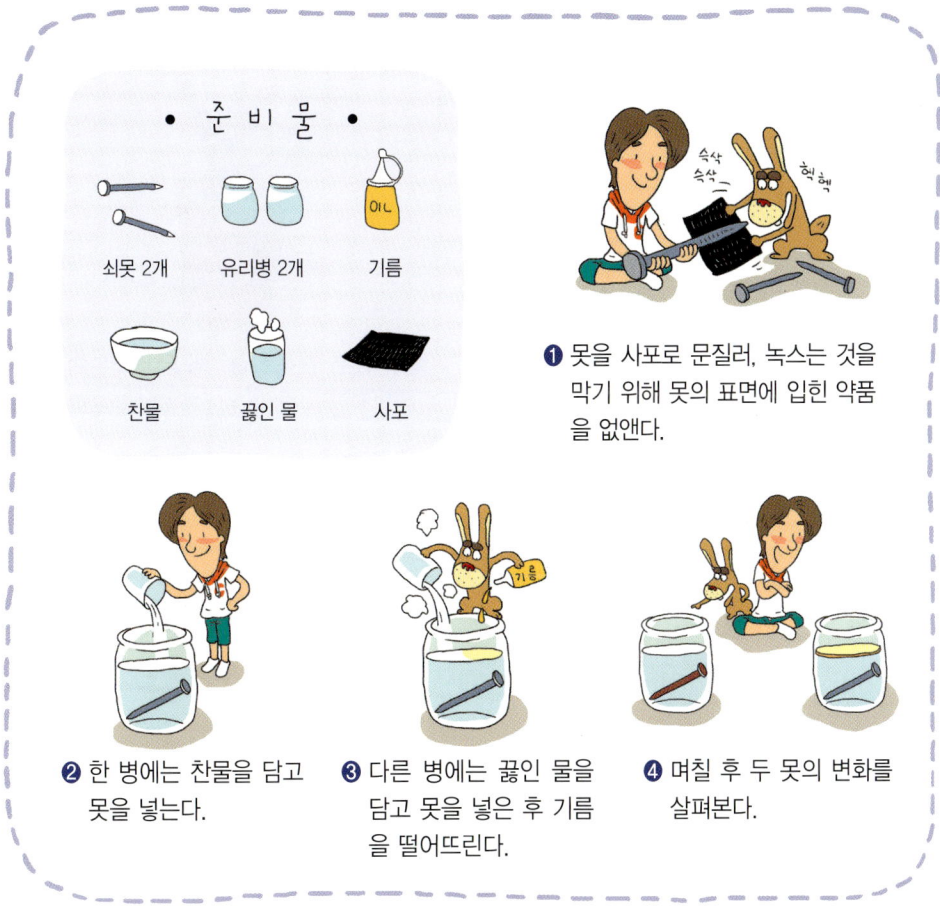

못이 물과 닿으면 쉽게 녹이 스는데, 그 이유는 못이 물속에 녹아 있는 산소와 산화 반응을 일으키기 때문이야. 하지만 끓인 물은 산소가 날아가기 때문에 끓인 물에 못이 닿으면 녹이 생기지 않아. 물론 공기 중의 산소가 다시 녹아들 수 있어서 물 위에 기름을 떨어뜨려 놓았지.

태양이와 함께 하는 신기한 놀이

❶ 쭈글쭈글 당근

단단하고 아삭아삭한 당근을 쭈글쭈글, 물렁물렁한 당근으로 만드는 비법. 바로 삼투 현상을 이용하면 되지.

• 준비물 •

당근
소금
티스푼

❶ 뿌리와 끝 부분을 잘라 낸 당근의 넓적한 부분 가운데에 티스푼으로 홈을 깊게 판다.

❷ 홈 안에 소금을 듬뿍 넣는다.

❸ 당근을 세워 둔 채 놔두고 두세 시간 후 변화를 본다.

어때? 소금이 녹고, 당근에서 물이 흘러나와 흥건해지면서 당근이 쭈글쭈글해진 것을 볼 수 있지. 이는 소금으로 인해 당근 바깥쪽의 농도가 당근 안쪽의 농도보다 높아지니까, 삼투 현상에 의해 당근에서 물이 빠져나왔기 때문이지. 배추를 소금에 절였을 때와 같은 거야.

❷ 물 중독에 걸린 달걀

달걀의 속껍질은 세포의 세포막과 같은 반투막이야. 그래서 달걀을 이용하면 물 중독에 걸린 세포의 상태를 볼 수 있지.

달걀을 식초에 5시간 정도 담그면 겉껍질은 녹고 속껍질만 남는데, 속껍질은 반투막이지. 이 달걀을 물에 담가 두면 달걀은 점점 탱탱해지고, 바늘로 찌르면 많은 물이 나와. 삼투 현상으로 속껍질을 통해 바깥에 있던 물이 달걀 안으로 들어갔기 때문이지. 물 중독에 걸린 달걀이 된 거야.

ㄱ
광물 41, 46
광원 85
그림자 75, 84
그을음 112
금강석 41

ㄴ
뇌부종 132

ㄷ
다이아몬드 17, 41, 43, 49
동물 세포 158
땀 137

ㅁ
모스 41, 48
모스 굳기계 48
물 중독 146, 158

ㅂ
반투막 157
방사성 탄소 연대 측정 112
빛 75, 84

ㅅ
산소 120
산화 반응 112, 121
삼투 현상 147, 156
석영 48
세포 157
시부트라민 133
신장 147, 158

ㅇ
암석 46
엑스(X)선 형광 분석기 112
연소 112, 122
우주의 공기 115

ㅈ
장석 48
적외선 분광기 112
조암 광물 46
조흔색 47

ㅊ
친유성 43

ㅎ
황옥 41
흑운모 47